〈実践・子育て学講座〉 3

子育ての環境学

大日向雅美・荘厳舜哉——編

大修館書店

本書の構成
―― まえがきにかえて ――

　本シリーズの刊行目的は，子どもを健やかに育てるための発達援助にある。このことを目的として第1巻は子どもの精神の発達に焦点が当てられ，第2巻では身体の健康に焦点が当てられた。当然，最後の巻では子どもの社会的発達を論じる必要がある。ところが，これが難しい。多様な環境に生きる人類は，多様な社会システムをつくり上げたからである。

　そこで第1章では，まず洋の東西の子ども観や人間観の違いを手短に論考した。次に第2章への橋渡しとして，文化特異的な育児のあり方をこれも手短に考察し，引き続き昭和20年前後の子どもの世界を回顧した。第3章への橋渡しであるが，世界の時間の流れはこの頃から急に速くなり，時代は大きな転換点を迎えたからである。

　歴史年表的にいえば，日本は1868年の明治維新をもって近代に移行した。今日までに約150年の時間が過ぎたことになる。しかしこの150年という時間をテクノロジーの変化から見る時，前半の100年と後半の50年では流れの速さがまったく違う。戦争の世紀と呼ばれる20世紀であるが，戦争は常にテクノロジーの大きな進歩をもたらす。この前半の100年につちかわれた軍事技術が，さらに進化しながら民生技術に降りてきたのは後半の50年であった。

　それはすさまじいとしかいいようのない，大きな変化であった。進化史は40億年ともいわれる生命の歴史の中で，過去6回

の大絶滅があったと教えるが，それに匹敵するくらいの大きな変化が人類社会を見舞ったといえよう．宇宙への進出にしてもユビキタス社会の到来にしても，人類社会はわずか50年で，おそらくもう後戻りができないところにまで歩んでしまったのである．

そこで第2章では，進化史を含む人類の過去について振り返ってみた．人類進化に貢献したオスとメスの協力や，個体間の助け合いの原理，あるいは複雑化した社会が必要としたことばや，それを契機に加速化した文化進化など，人類進化の社会史を綴ったものが第2章である．その最後は，子どもを公共の財とするであろう未来へむけて，「家族が旅する道」で締めくくられている．

次いで第3章では，第4章に問題を受け渡していく上で必要な子育ての社会史を，教育の視点から論じた．これを受けて第4章では，特に母親の努力やその努力に対する社会的評価の変遷に問題を焦点化し，日本だけではなく中世ヨーロッパの例を引きながら，それぞれの時代およびそれを背景とする社会が，どのような母親観を持ち続けたかが論じられた．

第5章では第4章の議論を受け，行政の子育て支援政策にはどのような効果が期待できるか，諸外国のケースも紹介しながら提言された．

最終第6章では，では実際に現場でどのような取り組みが行われているのかについての報告がなされた．前半では，地方におけるある「幼保一体」の施設の取り組みから，教育と保育という2つの機能を統合することの意味，さらに新しいカリキュラム創造の必要性などが提言された．これは現代版「子ども組」復活につながる試みであろう．

後半部分は，なぜ，「ちょっと気になる子どもの行動」が最近話題に取り上げられることが多いのかについて分析が行われた．拡大家族やコミュニティでの近所づきあいがなくなり，「公園デ

ビュー」に気を遣わなければならなかったり，相変わらずの偏差値信仰で子ども以上に親にストレスがかかる現在，子育て環境はお世辞にも好転したとはいえない。テレビやゲームが子どもの発達に悪影響を及ぼすといわれても，今さらテレビのない生活にも戻れないし，異年齢の子どもたちが一緒に遊ぶ機会もほとんどない。

　このような状況で親たちは，社会で生きていくためのスキルを子どもにどのように獲得させていけばよいのか悩んでいる。そこで悩める親たちのために，「ちょっとしたヒント」を提供したのが第6章後半部である。

　その他，全部で22のQ＆Aを配置した。Q＆Aでは，現実に子育てをする中でぶつかるさまざまな問題の解決に役立つことを意図した。また執筆に際しては，実際に現場をご存じの方々を中心に依頼した。子育ては一人で悩んでも仕方がないので，悩み事の共有を考えたつもりである。あなただけが悩んでいるのではなく，同じようなことで悩んでいる人は多いのである。読んでいただければそのことがわかるはずである。

　以上が本書の構成であるが，実は本書はどこから読み始めてもよい。Q＆Aだけを先に読み，時間ができた時に残りの分を読んでもよい。育児に困った時は先人の知恵を借りることもできるし，行政との交渉で参考になる事柄も多く含まれている。とはいうものの，限られた紙面で十分に意が尽くせたとはいい難い。事情をご斟酌いただければ幸いである。

編　者

目　次

本書の構成——まえがきにかえて　iii

【第1部　理論編】
第1章　文化の中の子育て
Ⅰ　はじめに …………………………………………………………3
Ⅱ　変遷する子ども観 ………………………………………………5
Ⅲ　くるむ文化・裸の文化 …………………………………………8
Ⅳ　離乳食の与えかた ………………………………………………12
Ⅴ　子どもの遊び ……………………………………………………14
Ⅵ　子どもたちの労働 ………………………………………………18

第2章　ヒトの進化と社会の進化
　　　　　——家族・ことば・文化の誕生
Ⅰ　人類がたどってきた道 …………………………………………21
　1）最初の家族　21
　2）ミトコンドリア・イヴの物語　25
Ⅱ　性の契約 …………………………………………………………27
　1）発情期の喪失　27
　2）オスの子育て参加　30
Ⅲ　助け合いの心と文化の創造 ……………………………………32
　1）ダンゴ三兄弟物語と思いやる心　32

 2) 言語と人間　35
 3) 社会的道具としての言語　37
Ⅳ　文化の進化 …………………………………………………43
 1) 農耕の開始と文明の創始　44
 2) 歴史人口学からみた家族の構造と宗教・文化　45
 3) 家族が旅する道　50

第3章　日本の子育ての知恵——近世から近代まで
Ⅰ　父親が子どもを教育した時代 ……………………………58
Ⅱ　江戸の教育 …………………………………………………60
Ⅲ　寺子屋 ………………………………………………………63
Ⅳ　母親が子どもを教育した時代 ……………………………65
Ⅴ　世間と義理 …………………………………………………72
Ⅵ　笑われるということ ………………………………………77
Ⅶ　大衆社会状況とがまん感覚の喪失 ………………………81
Ⅷ　来るべき社会の子育て ……………………………………86

第4章　子育ての変遷と今日の子育て困難
Ⅰ　最近の子育て事情 …………………………………………92
 1) 本来は楽しいはずの子育て　92
 2) 育児のつらさを訴える母親たち　93
 　（母親の訴えと子育て支援者の戸惑い／育児に悩む母親たちの
 　生活実態／専業主婦の母親と働く母親）
 3) 向き合えない夫婦　96
 　（夫の育児・家事参加状況／父親にも夫にもなれない男性たち）

    4）性別役割分業体制の弊害　99
    　（家庭や親の教育力低下を論ずる前に／孤育てからの脱却）
  II　子育ての変遷 …………………………………………………………101
    1）育児は母親だけの仕事ではなかった　101
    　（昔の母親はもっと大変だった？／バダンテールが明らかにした
    　かつての子育て事情／家族・地域一体の子育てをしていた日本）
    2）母性強調は近代社会の産物　104
    　（性別役割分業体制のはじまり／高度経済成長とともに強化され
    　た性別役割分業）
    3）心理学や小児医学も「母親一人の育児」を強化　106
    　（ホスピタリズム研究の影響／母子相互作用研究の影響）
    4）母性愛神話は今日では機能不全の神話　109
    　（家族やライフスタイルが多様化する中で／社会の変化に対応し
    　た子育てのあり方を）

第5章　子育ての共有

  I　子育て支援の現状と課題 ………………………………………………113
    1）さまざまに動き始めた子育て支援　113
    2）子育て支援の基本的視点　114
    3）次々と打ち出される支援策　114
    　（エンゼルプランから次世代育成支援対策法へ／就労家庭への支
    　援から，すべての子育て家庭への支援へ）
    4）今，最も必要な支援とは　118
    　（少子化対策の中で見失ってはならないもの／具体的に取り組む
    　べき課題）

Ⅱ　諸外国の事例に学ぶ ……………………………………………121
　1）制度が男性の意識を変えた：ノルウェーのパパ・クォータ　121
　　（愛ある強制／日本でもパパ・クォータ導入）
　2）新しい働き方の提案：オランダのワーク・シェアリング　123
　3）女性の社会参画を促すニュージーランドの子育て支援　124
Ⅲ　子育て支援の今後の課題：
　　　改めて子育て支援に必要な視点とは ……………………126
　1）子育て支援は親育ち支援　126
　2）市民と行政，地域が一体となった取り組みを　127
　　（当事者の親も活発な活動を開始／財政的支援）
　3）子育て支援が女性を育児に閉じ込めてはならない　129
　4）支援者の専門性を育む　130

第6章　子どもの保育環境
Ⅰ　少子・高齢化社会と幼・保の改革 ……………………………132
　1）国が笛を吹けど少子化は止まらない　127
　2）幼稚園・保育所，そして「総合施設」（仮称）の創設　133
　3）「総合施設」への試み：ろりぽっぷ邑の例　136
Ⅱ　指導計画（カリキュラム）の基となる幼稚園教育要領と
　　保育所保育指針の改善 ………………………………………139
　1）カリキュラムの改善は保育実践から　139
　2）幼・保の保育内容の統一を同図るか　141
　3）「大きな家」（幼・保）と多様な保育形態の創造　144
Ⅲ　気になる子どもの行動とその背景 ……………………………146
　1）「気になる」子どもたち　146

2) 気になる子どもたちの行動の背景　150

　　（家庭環境と子どものコミュニケーション/地域社会環境と
　　子どものコミュニケーション）

Ⅳ　子どもを取り巻くバーチャル環境 …………………………………156

　1) テレビが育てる現代の子ども　159

　2) テレビゲームと子ども　162

【第2部　Q&A】

Q1　〈母親の役割・父親の役割〉男性が育児に参加する必要性…　166

Q2　〈子育て広場〉子育てに自信が持てず，行き詰まって…　168

Q3　〈虐待〉虐待が疑われる子どもと親への支援はどのように…　172

Q4　〈ジェンダーと子育て①〉子どもを育てるのは女性…　176

Q5　〈ジェンダーと子育て②〉男の子と女の子でしつけに違い…　178

Q6　〈幼稚園における子育て支援〉…保育所の支援との違いは…　180

Q7　〈三歳児神話〉3歳までは母親が育てた方がいいと…　184

Q8　〈祖父母世代とのつきあい〉祖父母の世代の人たちと…　186

Q9　〈エンゼルヘルパーの役割〉なぜできたのですか…　188

Q10　〈病児保育・病後児保育〉どういったものですか　192

Q11　〈一人っ子を育てる〉さびしい思いをしないように…　194

Q12　〈きまりを学習させる〉育児雑誌にはしつけについて…　196

Q13　〈テレビと子ども〉どんなつきあい方をすれば…　198

Q14　〈地域社会と親のかかわり〉近所に友達も少なく…　200

Q15　〈都市化社会と子どもの発達〉大都市での子育てに不安…　202

Q16　〈感情耐性〉がまん強い子とキレやすい子，なぜ違いが…　206

Q17　〈子どもの気質と環境〉才能を伸ばしてやるにはどう…　210

Q18 〈異年齢集団の持つ意味〉4歳の長男は友達が… 212
Q19 〈抱くことの重要性と共感性〉抱っこをせがむ… 214
Q20 〈駅前保育，そのプラスとマイナス〉駅前保育とは… 216
Q21 〈合併型施設と子育て〉合併型施設，具体的に… 218
Q22 〈出張保育と地域社会〉「保育の出前」とはどのような… 222

［資料・1］「子ども・子育て応援プラン」 227
［資料・2］これまでの少子化対策の流れ 230
おすすめ文献 233
キーワード索引 235
第1巻・第2巻の主な内容 239
執筆者紹介 242

実践・子育て学講座③
子育ての環境学

■第 1 章■

文化の中の子育て

I　はじめに

　人類の長い歴史の中で，今ほど多様な価値観の下に子育てが行われている時代はない。

　乳幼児死亡率の高かった数世代前までの親たちは，次々と子どもを産んだ。しかし保健衛生，あるいは医療技術の進歩によって，生まれた子どものほとんどが無事成人するようになった今，親たちは子どもを産む数を制限し始めた。少数の子どもを産み，それに多くの投資をする戦略に切り替えたのである。

　その傾向は，G7諸国やヨーロッパの旧EC諸国といった工業化社会から脱工業化社会へ，つまり情報化社会に移行しつつある諸国に著しい。現在，中国は世界の工場と呼ばれ，石油の8％，石炭や鉱物資源の約30％をどん欲に飲み込んでいる。このような経済環境で必要とされるのは，高度経済成長時代の日本のように，良質で低賃金の労働力である。しかし，情報化社会に移行した国々に求められている人材は，創造性を備えた知性であり，日本の教育がそれを保証しているかどうかは別問題として，親は今

■図1-1　先進国と発展途上国の1,000人当たりの出生率推移

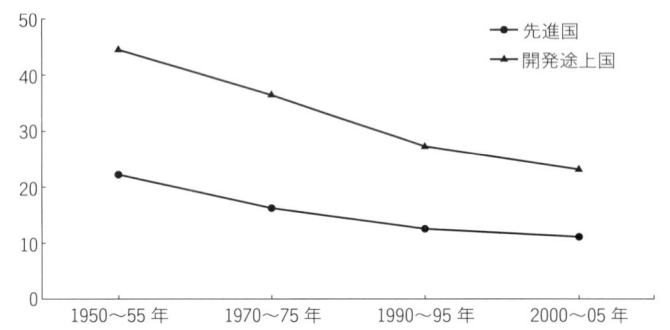

＊先進国は，日本，北アメリカ，全ヨーロッパ，オーストラリア，ニュージーランド。開発途上国は先進国を除く全地域。

(『世界統計年鑑2000年』，原書房より)

まで以上に子どもたちに高度な教育を施す必要性に迫られている。

その結果現在の日本では，一人の子どもの大学卒業までの学費などに親は2,000万円を超える投資をしなければならない。日本の社会で複数の子どもを育てる場合，時に教育費が親の経済的負担の限度を超えるまでにもなったのである。また，自分たちの消費生活を充実させたいという親たちの願望も強いし，核家族化時代にあっては老後の蓄えも必要である。こうして日本の少子化は，今後とも進行していくと考えられる。

他方，世界の国々にはいまだ多くの子どもが生まれてくる社会もある。その結果，第2章の図2-3（p. 47）に示すように，世界全体としての人口は現在でも増加し続けているが，一人当たりの所得が増加するにつれて，子どもの数は教育費の高騰などの理由で，今後は緩やかな減少傾向に移行するものと思われる。教育こそが，親が子どもにしてやれる最大の投資であるという状況が，変化するとは思えないからである。こうして，現在はたくさんの

子どもが生まれている第三世界でも，図1-1に示した出生率変化のように先進国同様，出生率の減少が進行していくと思われる。またそうでなければ地球環境は，人口増の重みに耐えかねて破綻をきたしてしまう。

II 変遷する子ども観

ところで人類は，自然の生態学的環境に代えて文化を子どもの揺籃環境としてきたが，つい50年前までは，それぞれの文化が育んだ子ども観に従っての子育てが行われていた。

例えば50年前のアメリカは，行動主義心理学に影響された『スポック博士の育児書』が全盛を極めた時代であり，子どもの個性を尊重しながらも，育児の主導権は親が握りなさいと教えた。この考え方は，英国経験論の哲学者，ジョン・ロックの「タブラ・ラサ」モデルに遡るものであり，子どもの心は白紙と同じで，親によってそこに正しい生き方が書き込まれなければならないという，近世の子育て観の延長線上にある。またスポック博士の考え方は，子どもは「高貴な野蛮人」であり，文明化されていない状態で誕生してくるが本来は性善であり，もし悪くなるとすればそれは育て方に原因があるという，18世紀フランスの啓蒙思想家，ジャン=ジャック・ルソーとも軌を一にしている。

では50年前の日本はどのような状況だったのだろうか。『スポック博士の育児書』はすでに翻訳されていたが，この時代，いまだに江戸時代以来の儒教的子ども観が色濃く残っていた。親が正しいモデルを示せば以心伝心で，色が布に染み込むように子どもに伝わっていくという考え方が，子ども観，もっといえば人間観の根底にあったのである（例えば，東　洋『日本人のしつけと教

育』を参照)。

　ところが昭和20年代後半に始まった，農村から都市部への急激な人口移動は，人々の価値観を根底から覆した。このことに関しては改めて第3章で論じるが，例えば戦前までの人々の価値観は，地域共同体に形成された「世間」を基準に打ち立てられていた。しかし無名で生きることが可能な都市では，人々は行きずりの関係でしかない。このようなコンクリート・ジャングルの中で，血縁に対してのみ利他的にふるまう動物の本性にしたがって，自己利益の追求に動く大人が増えたのが，最近の日本社会の特徴である。

　自己利益の追求を良しとするこの日本的コジン主義（第3章Ⅶ参照）は，戦後急激に巨大化したマス・メディアの手によって増殖し続け，人間関係のあり方を大きく変えた。

　例えばそれまでは，大人と子どもの世界には越えることのできない一線が引かれ，さまざまな通過儀礼を経て初めて，子どもは大人の世界の仲間入りが許された。ところがテレビを媒介として，大人と子どもは同じ情報を共有し，子どもたちはドラえもんの「どこでもドア」を通って一足飛びに大人の世界に入り込んでしまった。こうして生活のための情報や，文化や教養，娯楽に至るまでのすべての情報をメディアに依存することで，それまで存在した大人と子どもの境界線が崩れ，親子は「友達」に変身した。

　実はこのような変化は，1950年代にすでに予測されていた。予測したのは文化人類学のマーガレット・ミードである。

　ミードは，農耕社会では過去の経験が重視されることから，老人の経験に学ぶ過去志向型社会，工業化社会では大人が子どもにさまざまな知識を教えるが，基本的には世代別文化が共存する社会と考えた。ところが来るべき時代は，子どもが大人に教える未

来志向型社会であろうとミードは予測したのである。

　確かに現在の日常生活において，老人の経験や知識はほとんど意味を持たない。大人の知識ですら日進月歩のテクノロジーを追うには不十分であり，むしろ子どもの方が高い学習能力を示す。よく知られているように幸島(こう)では，イモを洗うというサルの文化が最初にコドモたちの間に広まり，次いでメスたちに広まり，オトナオスたちは最後まで新しい習慣を受け入れることができなかった。これと同じような行動傾向は人にも認められるのである。

　それだけではない。科学技術の急速な進歩が生み出し続ける新しい文化に若い世代が飛びつき，若者文化が社会の流行を先導する時，人の意識に過去が占める比重はどんどん軽くなる。こうして人々は今この時に，刹那的に生きるようになった。変化が激しすぎて，ゆっくり考える時間がなくなったのである。

　科学技術がつくり出すものは，基本的に人間の生活の便利さの向上を図るものであるから，技術革新で次々と変化していくことは良いことである。しかし，人類進化を促進した互恵的利他性や個体間に形成される信頼の関係，およびすべての関係の原型となる親子関係や子育ての営みは，そう簡単に変化しては困る。子どもは工業製品ではないのである。

　信頼の関係は，顔をつきあわすコミュニケーションによって得られる。典型的には母子で関係ある。乳児は母親に抱かれることによって，自分が安全に保護されているという感覚を形成し，それが後のアタッチメントにつながっていく。よい信頼関係を形成できた子どもは，社会化を進行させていく過程において他者に対して強く動機づけられるであろうし，安全愛着基地を持たなかった子どもは，不信感を形成する可能性が強い。乳幼児期の安定した相互作用は，後の人間関係形成に対して大きな影響を持つのである。

相互作用の重要性は，ことばを話し始めたばかりの幼児と電話で会話をするとよくわかる。顔をつきあわせている時は，ことば足らずであっても相互応答的なやりとりで，意思の疎通が可能である。ところが電話という機械を使うと，とたんに自閉症児のような反復言語反応しか引き出せない。この例にみるように，親子が対面的な関係になければ，子どもの側のコミュニケーション能力や共感性は脆弱化する。

　乳児を含めて子どもたちは，大人からの働きかけを待っている。例えば新生児は，誕生直後から人の顔や音声に注意を焦点化するようにプログラムされている。孤立して生きることができないゆえに，自分を支えてくれる安全愛着基地を必要とする乳幼児には，母子の絆を形成する仕組みが働くのである。

　子どもの発達理解には，このように生物学的な切り口もあれば，第2章で述べるような進化心理学的理解もある。当然，子どもたちは文化を揺籃環境とするわけであるから，文化を切り口とした視点も重要である。したがってこの巻では，それらすべてを総合したものとしての人類社会に焦点を当て，社会システムと子育てとの関係を論じる。この作業をまずは，アジア・アフリカ諸国の子育てから始めてみよう。

III　くるむ文化・裸の文化

　カメルーンの母親たちの子育ては一風変わっている。40億年という生命の歴史の末に誕生した人類という種には，サルであった時代には適応的であった行動の名残や，時には魚であった時代の名残を持って生まれてくる。例えば生まれてすぐの新生児でも，抱えてやれば足を交互に動かして歩行様の運動をする。歩行

反射である。また，新生児には手の指が内側に曲がり，物をつかむかのような動きが認められる。把握反射である。これらの運動は総称して，原始反射といわれている。カメルーンのお母さんたちは，赤ちゃんのこの原始反射を育てる方向で育児を行う。

赤ちゃんという存在は，特に男性の目から見れば，さわれば壊れてしまいそうな弱々しい印象を受けるが，カメルーンのお母さんたちは大胆である。ニコニコ笑いながら片足をつかみ，逆さにぶら下げる。腕もねじり上げる。両足を持って揺さぶるし，身体にさまざまな刺激を与える。

日本の赤ちゃんの中にも原始反射の強い子はいる。その子たちの中には8か月齢後半から歩き始めるケースがないわけではない。しかしカメルーンの赤ちゃんたちは，ほぼ例外なく9か月齢で歩き始めるのである。日本や欧米諸国の新生児介護が，原始反射を消すために安静状態で行われるのに対して，カメルーンのお母さんたちは新生児期から子どもにエクササイズを行う。そのひとつの結果が歩き始めの時期なのである。

ところで平均的な日本の子どもたちは，平均で12か月齢から13か月齢で歩き始める。しかし戦後も昭和20年代前まで，「エジゴ（嬰児籠）」とか「いずめ」などと呼ばれるかごに入れられ育てられた東北の子どもたちは，歩き始めが遅れた。満1歳で歩き始める子どもは珍しく，エジゴで生活する期間は普通1年から1年半なのだが，岩手県葛巻町のある集落では3年から3年半，エジゴで生活したという。その結果，多くの子どもたちがガニ股になったし，歩行の開始は著しく遅れた（宮本常一他の『日本残酷物語』による）。

エジゴで子どもを育てる風習は，東北地方だけではなく西は広島県にまで広く分布していたが，親子関係にも少なからぬ影響を与えたようである。かつて筆者は，庄内平野で価値観に関する調

査をしたことがあるが，今の70歳代は異口同音に，自分は孫親（祖父母）に育てられたので，親に対する特別な思い出は少ないと回想した。ただ，愛着の対象は両親に限られるわけではなく，兄弟姉妹や祖父母，あるいは拡大家族など，常に身近にいてくれる人に対して形成される。したがって，祖父母に形成されたからといって，子どもの社会性の発達や性格形成に何ら問題があるわけではない。

　総務省調査によると，最近の母親は子どもと一緒に過ごす時間が20年前に比較してかなり増加している（「社会生活基本調査」2002年）。それによると，有職の母親は86年に84分を育児に費やした。しかし，2001年にはこれが112分に増加している。専業主婦の場合は同じく，86年の179分から2001年の218分に増加した。

　ところで，一緒に過ごす時間や子どもを抱く時間が愛着の質を決定するという事実はない。大切なのは，子どもの反応に対して適切に応答してやることであり，介護者の感受性や共感性，感情表出の同期性や同調が適切に行われることなのである。そこのところを母親たちに誤解させ，常に子どもと一緒にいなければならないとか，泣いたら抱いてあやさなければならないと思い込ませた責任は，一重にポピュラー心理学にある。

　子どもを拘束して育てるスワドリングという育児習慣もある。乳児を布でぐるぐる巻きにして育てるのである。12月になれば教会の前に，布でくるまれて飼い葉桶に入れられた幼子イエスの人形が飾られるが，布で身動きができないようにくるむ育児はユダヤ民族をはじめ，広く東欧，ロシア，それに北米のネィティヴ・アメリカン（インディアン）諸部族に見出される。

　なぜスワドリングを行うのか，その意味づけは文化によって異なっているが，基本的には防寒，防虫，あるいは子どもの安全保

護を目的とする。ぐるぐる巻きにされている限り，子どもはどこへも行けないからである。また子どもの側にも，布でくるまれることによって抱かれている時同様の安心感が形成されることが予想できる。事実，スワドリングを行うカイオワ族と暮らした人類学の高橋順一は，大きな音がしても赤ん坊は安心して寝ていると記している（『はるかなるオクラホマ』）。抱きしめによる安心効果であろう。

　「くるむ文化」の逆が，日本の「はだかの子育て文化」である。『魏志倭人伝』に記されているように，昔の日本には大人も子どもも，特に夏場，半裸体で過ごす風習があった。幕末から明治にかけて日本に滞在した外国人たちも，一様にこの習慣に驚いているが，高温多湿な日本の気候では，裸は健康につながる生活だったのである。この風習はおそらく，縄文の時代から続いていたものと思われるが，明治32年，欧米との不平等条約改正に伴い政府が禁令を出すまで，日本人は裸を恥ずかしいことと思っていなかった。私が子どもの頃ですら夏場には，湯上がりのお年寄りが褌一本以外は何も身につけずに床机に腰掛け，うちわで扇いで涼をとる姿が見られた。昭和20年代後半の話である。

　昭和20年代，さすがに腹巻き1枚の幼童はいなかったが，日本人は，赤ん坊を健康に育てるためには毎日外気に曝すことが必要であると考えていた。冬でも上半身裸で体操をさせる幼稚園や保育園の育児は，太陽光線に当てることが子どもの健康に必要であるという，この伝統的な考え方を引き継いでいるのである。

　このような育児観の違いが，人間の性格をつくり出してしまうという乱暴な意見が押しつけられた時代もあった。1920年代から1950年代にアメリカの文化人類学で主流であった「文化類型論」がその典型である。日本文化を「恥の文化」と定義したルース・ベネディクトもその一人であり，人間のパーソナリティは帰

属する文化によって決定されるという「文化とパーソナリティ」論を展開した。ここではこの問題についての深入りは避けるが，性格や意識過程，あるいは感情認知構造が文化決定であるという，人類学の「文化とパーソナリティ」理論，あるいは文化心理学の「社会構成主義」モデルは，17世紀の「タブラ・ラサ」モデルの焼き直しに過ぎないということだけは指摘しておきたい。

Ⅳ 離乳食の与え方

　もう一例，離乳食に関する文化の違いについて考えてみよう。おそらく歴史が近代に入る前には，離乳食の与え方は完全に文化依存であった。パプア・ニューギニアやインドネシアでは，新生児期から食物を与えたし，アフリカの多くの民族もそうである。例えばケニヤのグシイ（*Gusii*）族には乳児の鼻をふさぎ，子どもが息を吸うために口を開いた時，むりやり雑穀粥を流し込む育児習慣があった。我々の目から見るとずいぶん乱暴なやり方である。

　その点，まだパプア・ニューギニアの親の方がやさしかった。同国の初代国連大使兼駐米大使を務めたP. マタネ氏の回想録『わが少年時代のニューギニア』には，「母は食べ物をまず自分で噛み砕いてから，指を一本口のなかへつっこんで，やわらかくなった食べ物をかきだして，それを私の口の中に押し込む」と書かれている。これは生後20日頃から始まり，「自分の歯が生えそろうまで」，子どもたちは母親からこうして食べ物をもらったという。

　インドネシアでも離乳食は早い。人類学者のC. H. ギアツが紹介するところによると，インドネシアでは柔らかく煮た米と蒸し

たバナナを混ぜ合わせて糊状にし，もし赤ん坊が病弱であれば生後2〜3日齢から，強健ならば5日齢から与える。現在でも1か月齢を過ぎれば乳児たちにこの食事が与えられるようである。ただ，子どもがいやがれば無理に食べさせることはないという。

　母親たちは，もし可能であれば赤ん坊を家に置いて働きに出る。母親が留守の間は，乳児にはお茶に砂糖を入れた飲み物数さじと，ご飯とバナナのペーストが与えられる。このように早くから食物が与えられるから，ではインドネシアの子どもたちの離乳が早いかといえばそうでもない。標準的な離乳は14か月齢から18か月齢と，日本よりもはるかに遅いのである。

　離乳に際して，共食儀礼が執り行われるのも文化に共通である。インドネシアでは子どもを取り上げた産婆（ドゥクン・バジ：dokun baji）が中心となり，「アラーの神が今日以後，お母さんのお乳を飲んではいけないと決められた。もし，お母さんのお乳をこれ以上飲み続けると，お母さんへの恩義が大きくなりすぎる」と，子どもの前で呪文をささやく（『ジャワの家族』）。

　日本にも「お食い初め」や「箸初め」「箸立て」「百日の祝い」などといわれる儀式があり，子どもたちが百日を過ぎた頃に見立てで食事をさせる風習が残されている。平安時代には，生後3日目，5日目，7日目，9日目にそれぞれ，「産養」の儀式が行われて子どもの誕生と生育の無事を願った。「七つまでは神の内」の昔，無事に育ってほしいという親の願いが強かったということであろう。しかし実際には子どもに食物を与えることなく，儀式に終わった。なお，7日目の祝いだけは現代まで続いている地方もあり，この日に子どもに名前を付けることになっている。そのほかにも昔は，五十とよばれる50日目の祝いもあったという。

　では，日本の新生児は母乳以外のものは何も与えられなかったか，というとそうでもない。胎便を出させる目的で，生後何日か

あるいは初乳を与える前に，煎じ薬を飲ませる風習があった。母乳の出が悪く，もらい乳もできない場合は重湯で代用とすることもあったようだ。しかし，だからといって乳児の発達に差し障りがあった訳ではない。

　古老の記憶によると東北地方では，何か月くらいの乳児に与えたのか，またそれは母親の乳の出が悪い時の代替手段だったのか，具体的な説明がないので不明であるが，米をふやかせて口でかみ砕き，すり鉢で摺って湯せんをし，砂糖を混ぜて飲ませたり，丸麦を煮立ててざるで漉し，糊状になったものを一升ビンに入れて冷やし，砂糖と塩を加えて飲ませることもあったらしい（『東北民俗資料集(3)』による）。

　現在では多くの文化において，子どもに対する離乳食は6か月齢前後に開始されるが，これは欧米諸国の育児文化が世界各地に広まり，地域特有の離乳食の慣習が崩れ去った結果であるといえる。何でもアメリカの標準にあわせればよいという文化のグローバリゼーションの波は，子育てにまで押し寄せてきているのである。

V　子どもの遊び

　『ゲマインシャフトとゲゼルシャフト』はドイツの社会学者，フェルディナント・テンニエスがキール大学の私講師に就任するに当たって提出した論文の題名である。それが出版されたのは1887年であったが，近代社会に対する批判を色濃く含んでいたため，出版当初はほぼ黙殺に近い扱いを受けたという。しかし彼が提起した近代社会と近代文明に対する批判は，その後広く受け入れられるところとなり，社会の基本的性格は近代以後と近代以

前で異なるという考え方が，今日まで受け継がれている。

　2つの概念を簡単に整理するならば，ゲマインシャフトは前近代に存在した，個人が自然に互いの結び付きを持つ「自然的結合体社会」であり，ゲゼルシャフトは個人が利害関係で結び付く「人為的結合体社会」であると定義できる。つまりゲマインシャフト世界は村落共同体社会であり，人々が生まれ育った地域から大きく移動することなく，地縁や血縁，あるいは氏族といった紐帯で結ばれる社会であった。一方，ゲゼルシャフト世界は現在の大都市のような，互いがそれぞれ無縁で生きることができる社会なのである。

　人々が互いに相手の生い立ちや家族環境，生業や時にはその性格まで知悉していた社会というのは，例えば子育てでいうならば，家族はもちろん，地域社会全体がそれにかかわっていた時代であった。地域社会の大人たちは常に子どものことに気をつけ，見知らぬ子どもには，「あんた，どこのボン／オジョウ？」と声をかけた。子どもも5歳を過ぎると親の名前を告げ，自分の出自（ID）を明らかにした。すると，「まぁ，大きならはったなぁ」とか，「道草せんと帰りや」などの挨拶が，大人の方から返された。大人と子どもは距離が近かったのである。

　もちろん大人同士の距離も近かった。村人は農作業をしながらも道を通る人を見ていたし，遠く離れていても互いが声を掛け合った。職人や商人も，仕事をしながら往来を通る人を見ていた。人々は常に，互いの姿を視野に入れていたのである。

　このようなゲマインシャフト世界は，日本が近代に移行してからも，いや戦前までは全国至るところに存在した。東京や大阪のような大都市であっても，それぞれに地域社会が生きていたのである。田舎はもちろん都会の子どもたちも，このような地域社会の中で異年齢集団をつくり，一種の子ども版ゲマインシャフト世

界に住んでいた。それがどのような世界であったか，また大人と子どもが互いにどのようにかかわっていたかは，板橋区本町の通称「岩の坂」に生まれ，少年時代をここで過ごした小板橋二郎氏の，『ふるさとは貧民窟（スラム）なりき』を読めばよくわかる。氏が育った地域は特殊であったかも知れないが，同じような話は先に引用した『日本残酷物語』にも数多く出てくる。

　子どもの遊びについては柳田國男の『こども風土記』や『母の手鞠歌』に詳しいが，昔は異年齢の子どもたちが「子ども組」という，一種の自治組織をつくってさまざまな遊びや行事を取り仕切っていた。幼児期から学童期にかけて，例えば5歳も年齢が違えば，子どもの能力には大きな違いがある。しかし長幼が交ざり合う子ども社会において，子どもたちは大人から干渉されることなく，さまざまな通過儀礼を経験していったのである。

　柳田國男は，昔の親たちは子どもに遊びを教えるといったことはまったくしなかったと断言する。年上の子どもは年下の子どもの世話を実によくしたし，年下の子どもも年長児にあこがれ，見よう見まねで彼らのすることについていった。12，3歳というのが子ども期と青年期の分かれであるが，中学校に上がると自然に子ども組を卒業していった。

　筆者の育った田舎でも子ども会という組織があった。子ども会は小学校入学とともに参加する習わしではあったが，学齢前の子どもたちも時にこれに合流して遊んだ。私が初めて年長の子どもたちと接触を持ったのは，4歳後半の頃であったと記憶する。秋，堅い山梨が実る頃，子どもたちは集団を組んで2キロ近い山道を歩き，梨もぎに出かけた。しかし当時4歳であった私には遠すぎて，途中で泣き出してしまったが，一番年長であった男児が家まで送り届けてくれたことを記憶している。年長の男の子も女の子も，特に学齢前の子どもには優しかったのである。

筑前地方の子どもたちの遊びをまとめた西義介氏の『子どもの四季』には，全部で151種類の遊びの項目が上げられているが，私の地方でもほぼ同じくらいの遊びのレパートリーはあったように思う。

　異年齢集団で，しかも男の子も女の子も交ざって遊ぶ大がかりな遊びもいろいろあった。我々の地方では「泥棒・巡査」遊びはなかったが，ほぼ同内容の「戦艦・水雷」という遊びがあった。かん蹴り，かくれん坊，陣取りなどの集団遊びもあった。なかでも陣取りと戦艦・水雷遊びは，年長児が戦略を立て年少児がそれに従うという意味で，典型的な異年齢集団の遊びであった。

　女の子と喧嘩もした。土井たか子氏が書いているが，女の子だろうが男の子とつかみ合いの喧嘩をすることもあった（『私の少女時代』）。そういう女の子は「男おんな」と呼ばれたが，ケンカはほとんど同学年に限られた。時に，上級生によるいじわるがなかったわけではないが，それは珍しかった。上級生にはさらに上級生がいるから，ニワトリの「つつきの順位」のように構造が安定するのである。

　喧嘩やいさかいを通じて子どもたちは，相手をたたくとどのような結末が訪れるのか，誰から叱られるのか，教室で立たされることによって集まる賞賛と憐れみのどちらが多くなるのかなど，さまざまな可能性を秤にかけて計算した。

　異年齢集団での遊びは，社会的スキル獲得に貢献するところが大であった。年長児はあれこれ命令したが，その責任はきちんと果たした。責任がとれない年長児には年少児といえども従わず，子ども組のリーダーは自然に決まっていった。子どもたちは無責任な子をはずして遊ぶことが多かったのである。

　子どもたちにはそれぞれ特技があった。勉強ができる子が人気者というわけではなく，魚釣りが上手であったり，野鳥を捕まえ

たり竹細工に器用な子などが人気を集めた。キノコのとれる場所は親にも秘密だというが，タコ糸に針をくくりつけて餌をつけ，川に沈める「つけ針」や梁(やな)を沈める場所も秘密であった。隣家には，勉強はまったくできないがなぜかよくウナギを捕まえてくる同級生がいたが，これはうらやましかった。子どもたちはそれぞれの経験において，また特技において自信が持てたのである。

こうして春夏秋冬，勉強などはそっちのけで遊びほうけることが許されていた時代，それが昭和20年代から30年代初期の子どもの世界であった。当時まだ，共同体の行事というのは数多くあったし，遊ぶ内容には事欠かなかったのである。

VI 子どもたちの労働

第3章で触れるように，子どもたちには労働も期待された。筆者の場合は家が寺であったので，農作業はほとんどしなかったが，それでも縁の下で飼っていたニワトリに餌をやったり，ヤギを河原の土手に連れて行って草を食べさせたり，風呂焚きをしたり，ポンプで水汲みをしたりするのが私の役割であった。そのほかにも，かまどの近くに設置された柴置(そだお)きに，焚き付けや割木を柴小屋から補給したり，庭掃除や草引きなども言いつけられた仕事であった。

女の子も割木をのこぎりで挽いたという話もある。北海道で少女時代を過ごした原爆画家，丸木俊氏の回想であるが，冬，泣きべそをかきながら，暖炉にくべる薪を作ったという（『私の少女時代』）。

都会の子どもたちの仕事については，多くを知らない。しかし，世界のどの文化にも見るように，田舎・都会を問わず，女の

子たちは弟妹の世話をした。サルの世界にも，若いメスザルたちがコドモと遊ぶ「お姉さん行動」が認められているが，昔は子守りが女の子の最初の労働だった。足手まといということばがあるが，小さな子どもがいると親は何にもできない。だから子どもの世話を女の子に任せ，労働に従事したのである。最初に女児を出産した母親の方が多くの子どもを産むというデータは，いかに女の子が家事において役立つかということを示唆している。

　団塊の世代は，狭義には昭和22年4月から25年3月生まれの世代を指すらしいが，この世代が小学校に入学した時は，都会ではすでに子どもは労働力として期待されなくなっていた。せいぜいがお使いや庭掃除，食器洗いや配膳の手助け，あるいはぞうきんがけやガラス磨きくらいであった。

　お使いに子どもを出すのは，日本の古くからの伝統であった。落語にも子どもの使いの話はよく出てくるし，16世紀に来日したイエズス会の宣教師ルイス・フロイスが，日本の少年たちがそつなく使者の役目をこなすのに感嘆している。その伝統は戦後も20年代まで続いており，子どもたちは3軒先のおばさんに何かを手渡すような日常的なお使いでも口上を覚え，そつなく伝えることを期待された。このような役目を通して敬語の使い方を覚え，社会的役割を果たすことの重要性を自覚したのである。

　昔は季節ごとの温度変化がはっきりしており，居室の模様替えや各種の年中行事がきちんと執り行われたので，それなりに子どもたちがしなければならない手伝い仕事は多かった。お手伝いのあとには特別にお小遣いがもらえることもあったし，お使いに行くと先方からお駄賃として，小銭や駄菓子がもらえることもあった。だから子どもたちはお手伝いもお使いも大好きであった。

　季節のお手伝いは，それこそピンからキリまであった。なかでも夏の大掃除と，冬の正月迎えが大変であった。梅雨が空けると

家中の畳を上げ、竹で叩いて埃を払い、床下に風を入れる。そうすることで家ダニやノミなどを駆除したのである。掃除はただ闇雲に掃いたり拭いたりすればよいわけではない。それなりの段取りが必要である。これは計画性スキルの獲得につながる。

20年代までは東京であっても、住宅地の道路は未舗装が多かった。埃っぽい道には水まきが必要であった。ポンプでバケツに水を汲んで表に持っていき、ひしゃくに汲んでサッと道路にまくのであるが、これがなかなか難しい。都会では通行人にかけてしまうこともあったようだが、そうすると謝罪が必要になる。これは対人関係スキルの獲得につながる。お手伝いはこうして、さまざまな社会的スキルの実践の場として機能していたのである。

経済白書が「もはや戦後ではない」と宣言したのは昭和31年であったが、これを前後して子どもたちの世界も急速に変わっていった。家事が電化された結果、お手伝いも必要がなくなったし、都市開発で遊び場もなくなっていった。異年齢集団も消滅し、社会的スキルを獲得したり模倣したりする場が失われていったし、遊びの内容もテレビやゲームなど個人中心の遊びに変わっていった。

文明史家のホイジンガーは、人間を「ホモ・ルーデンス（遊技人）」とよんだが、大人にも子どもにも、遊びは精神の糧として必要である。でもなぜ、精神の成長や安定に遊びが必要なのであろうか。この問いは、人間はなぜ進化の階段を上り今日に至ったのかという根元的な問いに直結する。そこで次章では、人類進化史や進化を押し進めた原動力、家族の成立と子育て、文化の創生などの問題を社会史的に振り返る。

■**第 2 章**■

ヒトの進化と社会の進化
――家族・ことば・文化の誕生――

I 人類がたどってきた道

　素粒子理論が証すところによると，宇宙創世は今を遡ること137億年前のビッグ・バンに始まる。以来，宇宙は膨張し続けているが，今から46億年ほど前に星間物質が集まって地球が形作られ，そこに生命が誕生してから約40億年ほどの時間が流れた。気が遠くなるような時間であるが，そのような生命の営みの中で二重に知恵のあるヒト（*Homo Sapience Sapience*，以下 H・S・S と略)，つまり現世人類が誕生し，今日に至った。このような人類進化の道筋を，まずは子育ての視点から覗いてみよう。

1）最初の家族
　今から2000万年前頃，アフリカ大陸が乗っているプレートに亀裂が入り始めて火山活動が活発になり，吹き上げられる粉塵が太陽光線を遮って地球は寒冷化の波に洗われ始めた。この頃すでに，チンパンジーやゴリラなどが活躍していたが，ドリオピテクスと呼ばれる，今は絶滅した大型霊長類もその仲間であった。

ドリオピテクス類はまだ四足歩行であったが，この連中の中からラマピテクス類が進化し，さらにその中から，後にアウストラロピテクスと総称される種が誕生していた。
　彼らがラマピテクスであった時代には熱帯雨林が大きく広がっていた。森に棲む彼らは肉食獣の捕食圧から免れており，果実や葉を食してのんびり暮らしていた。しかしながら地球の寒冷化は森を後退させ，代わってサバンナをつくり出した。逃げたり隠れたりすることのできる樹木のないサバンナで生きることを余儀なくされた時，彼らはその環境適応戦略を大きく変化させる必要性に迫られた。サバンナには草食動物が棲み，それを捕食する肉食獣も多かったからである。
　こうして我々の祖先が，果菜類や根菜類，ナッツやベリー類を食資源とし，小集団でなわばり内を移動していた時代，肉食獣に対する警戒が直立姿勢をつくり出した。また直立することで手が自由になり，木の棒や石を武器として使用することが可能になった。草むらに隠れている肉食獣を見つけるために立ち上がったことは，直立二足歩行と手の自由使用，その相互作用の結果としての知恵の増加という思いがけない副産物を人類にもたらしたのである。
　不便もあった。例えば直立したことで骨盤の構造が変化したことである。骨盤は幅広くなったが湾曲し，コドモの流産を防ぐために両側にとげ（座骨棘(きょく)）が突き出て，コドモはその間を通って生まれるようになった。その上さらに，脳容積の増加に伴って頭蓋骨が母親の産道よりも若干大きくなってしまい，難産と早産を同時に運命づけられた。このような数々の理由で人類の子どもは，他の動物との比較で見れば，運動発達的にごく未熟な状態で生まれてくることになったのである。
　子どもが無力な状態で生まれてくるのだから，子育てには手が

■図2-1 ラエトリに残された370万年前の足跡

かかる。高等哺乳類は生まれた時に，すでにオトナのミニチュア的要素を備えており，運動も自在であるが，人類の子どもは立って自力歩行するまでに平均12か月を要するし，種の特徴でもある言語を使って支障なく意思伝達ができるようになるには，4〜5年の時間を必要とする。このような無力な赤ん坊を抱えて過去の人類は，メスだけでは子育てができなかった。こうして，アウストラロピテクス類は家族をつくるようになった。

　このことを物語る証拠がタンザニアのラエトリから発掘されている。それぞれに大きさが違う，370万年前に大地につけられた3種類の足跡である。これを図2-1に示すが，大きい足跡がオス，並んだ中くらいの足跡がメス，少し離れた小さな足跡がコドモのものと考えられている。プロト・ホミニド（原初人類）はホモ（ヒト）という名称がつけられる以前の時代，すでに核家族で行動していたのである。

　アウストラロピテクスに引き続き，ホモ・ハビリス（手先の器用なヒト）という名称がつけられた種が登場してくる。彼らはそ

の初期，行き倒れた動物の死骸や他の肉食獣が倒した獲物を横取りしたりしながらも，徐々に肉食に移行し，その後半には自らがハンターとなって狩猟を開始したと考えられている。

　ホモ属は，その最初からハンターとして出発したという説もある。ハイエナは時速48kmで走るし，嗅覚も人類よりはるかに鋭い。したがって人類が死骸に行き当たるよりもハイエナの方が先に行き着く。だから彼らはスカベンジャー（腐肉あさり）から出発したのではなく，現在のチンパンジーが行うように，最初から計画的に狩猟をしたに違いないというのである。それに加え，チンパンジーが決して他の動物が殺した獲物を横取りすることがないという事実も，最初からハンターだったという説に味方する。いずれが正しいのかは推測の域を出ないが，ともかくも彼らの時代は100万年ほど続いた。オルドヴァイ礫石器文化時代である。ただしその生息域は，いまだアフリカに限定されていた。

　次いでホモ・エレクトス（直立するヒト）と呼ばれる連中が登場する。積極的に狩猟をした彼らはアフリカを出て，アジアにも進出した。北京やジャワで発見された化石がそのことを物語っている。また，火を使っていたこともわかっているが，火を使うようになって初めて，寒冷な気候でも生きていくことができるようになった。かなり精巧に加工されるようになったアシュレリアン礫石器文化の時代である。

　エレクトスの時代も100万年ほど続いたが，その後半からはネアンデルタール人と称される先行ホモ・サピエンスが登場してくる。彼らはエレクトス以上に石器を精巧に加工し，高度な文化をつくり上げていた。死者を埋葬する際に儀式を行っていたらしいことから，宗教意識すらあったと考えられている。しかしながら地球が最も寒冷化していた6万年前頃に全盛期を迎えていた彼らは，寒さという気象条件を乗り切るために体表面積を小さくし

(アレンの法則),結果として運動性能に劣るずんぐりむっくり体型であった。

　そのせいかどうかは不明であるが,彼らは大型動物のハンターではなかった。ネアンデルタール人の生活跡からはマンモスの骨が出土していないのである。大型動物を狩猟しなかった理由が,トーテムに代表されるようなアニミズム的忌避なのか,それとも技術的な問題なのか,断じる証拠は皆無であるが,残された骨格から判断する限り,彼らはクロマニヨン人よりも不器用で知的に劣っていたことは間違いがない。

2) ミトコンドリア・イヴの物語

　力は強かったようであるが器用さに欠けたネアンデルタール人は,運動に長けたマンモス・ハンターのクロマニヨン人に辺境に追いやられ,今から3万5000年前を前後に,急にその姿を消す。こうして地球は,クロマニヨン人と呼ばれるヨーロッパ人の祖先や,旧石器人と呼ばれるアジア人の祖先たちを主人公とすることになった。ネアンデルタール人はクロマニヨン人と交雑することなく,消えていったのである。

　ではクロマニヨン人や旧石器人はいつの時代,どこから来たのであろうか。その謎を解く鍵がミトコンドリアと呼ばれる,細胞にエネルギーを供給する役目を担った細胞内小器官に隠されている。

　ミトコンドリアは元来,独立した細胞であったと考えられている。しかしながら生命が有性生殖で繁殖する方法を編み出した時,小型細胞と大型細胞は互いに相手を利用しながら共生する道を選んだ。これを支持する証拠が,細胞内小器官が持つ独自のDNAである。

　ATP(アデノシン三リン酸)という,細胞が生きるための燃

料をつくり出すミトコンドリアには，16,569 の塩基対が存在する。形質を形づくるタンパク質は，DNA 情報が RNA に転写されて再生されていくが，この時，コピーのミスが発生することがある。ミトコンドリアではこのミスが約1万年に1回発生し，塩基の置換が起きてしまう。この塩基配列のずれの程度から，種がどれくらい近い縁戚関係にあるのかがわかる。ヒトの祖先とチンパンジーが分岐したのが 500～600 万年前であることは，このような分子生物学時計から判明するのである。

　ミトコンドリアにはもうひとつの興味深い事実がある。それは子どもの持つミトコンドリアは，必ず母親由来であるということである。

　有性生殖は卵子が男性由来の生殖細胞，つまり精子を受け入れることから始まる。ところで身体には，外部から侵入してきた別組織に乗っ取られないために，侵入者を排除する仕組みが備わっている。免疫系機能である。メスが受け入れるオス由来の生殖細胞は異物であり，本来は排除されなければならない。しかしそれを排除してしまうと，有性生殖自体が成り立たなくなる。したがって卵子はオス由来の DNA のみを受け入れ，精子をそこまで動かしてきたエネルギーを供給するミトコンドリアやその他細胞内小器官は，メスのリソソームから攻撃を受けて消化されてしまう。そのために，我々が受け継いでいるミトコンドリアはすべてが母親由来になってしまうのである。

　このことに注目したのが，分子生物学者のレベッカ・キャンである。彼女は子どもを出産した世界各地の母親から胎盤組織の一部を譲り受け，ミトコンドリア DNA を抽出してその塩基配列を検討した。その結果人類は，今から約 14 万年から 29 万年前の間にアフリカに誕生した一人の女性の子孫であるということを明らかにしたのである。これがミトコンドリア・イヴであるが，その

後年代はさらに絞り込まれ，約17万年前と計算されていた。

その計算はほぼ正しかった。2003年5月には，アフリカで新たな$H・S・S$の化石が発掘され，年代測定の結果，16万年前に生きた人類であることが明らかになったのである。この化石は，ホモ・サピエンス・イダルツ（長老）と名づけられた。人類起源については長い間，アフリカ起源説と燭台説（世界各地でそれぞれ独自に$H・S・S$に進化した）が対立していたが，こうしてついに論争に決着がついた。新人はアフリカで誕生したのである。

II 性の契約

ヒトの子どもはその成長に長い時間がかかる。特に乳児期の子どもはまったく無力である。狩猟採集民族の子どもの離乳は4歳前後であることをみれば，A. ポルトマンのいう「生理的早産」で生まれてくる人類の子どもには，自立に長い時間が必要である。そこで人類のオスは，ラエトリに残された3つの足跡が雄弁に物語るように，子育てに参加するようになった。しかしなぜ，自分の遺伝子さえ残せばよいオスがそこまで育児に協力的に進化したのであろうか。その謎を探す必要がある。それはどうやら「セックス」が絡んでいるらしい。

1) 発情期の喪失

ヒト科霊長類には我々ヒト，ナミ・チンパンジー，ピグミー・チンパンジー（ボノボ），オランウータン，ゴリラが分類されているが，完全に性の発情周期から解放されているのは人類のみである。それは人類が狩猟を開始し，肉という高カロリーの食料を

利用することで，繁殖の季節サイクルから解放されたことが大きい。

　草食動物も肉食動物も，利用する資源が最も豊かである時期に出産，子育てを行うように発情期が設定されている。あえて食資源が少ない時に出産・子育てをする種もないではないが，それは捕食者も少なくなるからである。しかし道具を使い，知恵で大型動物を狩猟し，血縁で集まって生活するようになった人類は，出産時期を一定にする必要がなくなった。これは少なくとも，発情期を消失させるひとつの理由になったはずである。

　発情期の消失には，もっと大きな理由が考えられる。それはオスの子育て参加である。つまりメスは，発情期以外の時にもオスを性的に受け入れることによって，両者のペア関係を強化したのである。このことは個体の社会的関係，特にオス間に発生する，メスをめぐる緊張関係を低減させることにつながった。そのことは人類の最近縁種，ボノボの生活に明らかである。

　ボノボはコンゴ盆地の限られた地域に生息しているチンパンジーである。その彼らに，非常に特異的な行動が認められている。同性間で行われる挨拶代わりの性器の接触や，オトナ間の季節を問わない交尾，オトナとコドモ間に見出される交尾の練習など，性を日常生活に取り込んでしまった行動である。霊長類学者のドゥ・ワールはナミ・チンパンジーを「政治をするサル」と形容したが，ボノボは「セックスをするサル」なのである。

　哺乳類は基本的に，一雄複雌のハーレム型社会構造をつくる。性比は最終的に一対一で安定するのだが，力の強いオスが複数のメスを囲い込むために，オス間の性をめぐる競争が激化する。そこでオスは競争に勝ち抜くために〝軍拡競争〟に走り，身体を大型化させた。性的二型といわれるオスとメスの体型の違いはこうしてつくり出された。

その結果，霊長類を含む哺乳類のオス間には厳しい社会的順位が成立するのであるが，ボノボの社会を観察した古市剛史は，面白いことに気がついた。ボノボの社会では，オス間の順位が他の動物ほど厳しくないのである。

　その理由として古市は，メスが常に発情（あるいは見せかけの発情）をしているボノボでは，オスと交尾可能なメスの数が多いことに注目する。どうやらそのことで，オス間の社会的緊張が緩和されているらしいのである。

　例えば発情期が存在するナミ・チンパンジーでは，メスはオトナである約25年間のたった5.4％（約490日）の期間しかオスと交尾をしない。ところが妊娠中も発情が継続し，出産後も約1年で交尾を再開するボノボでは，同じくオトナである25年間の35.5％（約3240日）の期間，オスを性的に受け入れることが可能なのである。

　この違いは大きい。つまり群れの中には常に発情メスがいるわけで，このように発情メスの数が多いと，強いオスであってもこれを独占することができなくなる。独占に要するコストが高くなりすぎて，独占することに意味がなくなるのである。確かにメスは，優秀なオスの遺伝子を自分のコドモに残すために，オス同士の競争をけしかけているが（ダーウィンの性選択理論），ボノボ社会では誰と交尾するかの決定権はメスにあり，必ずしも社会的順位を反映していないようなのである。

　その結果，オスは争いをして勝ち残りをかけるよりも，コドモに優しくふるまったりメスの機嫌を取ったりして，協調性でメスから選択を受ける戦略を採用するようになった。ハヌマンラングールやサバンナモンキーのように，自分の遺伝子を残すために先のオスのコドモを殺し，無理矢理にメスの発情を促したり，群れの支配権をめぐってオス同士で殺し合いをしたりせず，それぞれ

が平和的に共存する道は、メスが日常的にオスを受け入れることで開かれたのである。

2) オスの子育て参加

　このように平和な社会を営みながらもボノボは、ついにヒト化（ホミニゼーション）への道を歩むことはなかった。その分かれ道が、オスの子育て参加ではなかったのかと推測される。

　何がオスを子育てに参加させるようにし向けたのか、その契機は肉食にあると考えられている。アウストラロピテクス類は直立二足歩行を開始したことで、先にも述べたように難産に運命づけられた。そこで彼らは家族という社会的単位を形作った。無力な状態で出生してくるコドモの生存は、オスの子育て参加なくしては成り立たなかったからである。

　しかしオスの子育て参加は、まだ完全ではなかった。すでに、オスとメスの間に食料の分配行動は誕生していたと考えられるが、植物性の食料を集めるのに特に技量は必要としないからである。ところがホモ・ハビリスという種は、オスたちが集団で狩猟をしたと考えられている。彼らは肉食に移行しているからである。ところでこの推測を完全なものにするためには、ひとつ問題が残っていた。アウストラロピテクス類からハビリスにつながる移行種が見つかっていなかったのである。

　この問題は、1999年にエチオピアで発掘されたアウストラロピテクス・ガルヒ（驚きの猿人）と名づけられた化石で決着を見た。彼らはスカベンジャー（腐肉あさり）として、アウストラロピテクス類とハビリスの間に位置するのである。

　ともかくもこうして肉食に移行しつつあった原初人類たちは、コドモを抱えたメスたちが定住地に留まって植物食を採集し、オスたちが狩猟の獲物を持ち帰るという分業体制に移行していたも

のと思われる。しかしなぜオスは，メスやそのコドモに獲物を持ち帰ったのであろうか。オスのこのような行動は，季節を問わないメスの発情と排卵周期の隠蔽によって強化された。

　オスにとってもメスにとっても，最も重要なことはその包括適応度の増加，すなわち自分の遺伝子を継承するコドモの生き残りである。もしメスの発情期と排卵日が明らかであれば，オスは妊娠の可能性の最も高い時期だけメスを囲い込み，その他の時期は子育てに参加せず，発情するメスとの交尾チャンスをねらっていればよい。現にチンパンジーを含めすべての哺乳類のオスは，そのような繁殖戦略に基づいて行動している。ところが排卵の時期が隠蔽されてしまうと，オスにはいつメスと交尾することが自分の遺伝子を残すことにつながるのか，判断ができなくなる。メスの側にとっては，これは常にオスを自分に引きつけておく上で有利なことである。

　こうして特定のメスと配偶関係を結ぶようになったオスは，肉や食糧を家族のもとに持ち帰るようになったが，1人のオスが複数のメスとその子どもたちに，常に満足がいくだけの食糧を持ち帰ることは難しい。現存する狩猟・採集経済社会で消費される食糧の70〜80％が，女性の手によって採集されていることを考えれば，過去，男性は必ずしも〝経済力〟を持っていなかったのである。そのため，人類は基本的に一夫一妻制の核家族から出発したのではないかという仮説が説得力を持つ。

　このことを支持する興味深いデータがある。アカ族はザイールはイトゥーリの森に住む狩猟・採集民族であるが，その15％ほどが一夫多妻であり，残りは一夫一妻である。狩猟で助け合える兄弟が多いとか，部族の中に血縁が多い，親が長老の社会的地位にあるなどの場合に，男性は一夫多妻の婚姻形態にあることが多い。逆に，妻が遠くの氏族に属していたとか自分が別の氏族から

来て結婚したため親族が少ない，あるいはきょうだいそのものが少ないなどの場合は一夫一妻である。

この2種類の家族形態における子育て参加を調べてみると，面白いことがわかった。一夫一妻家族の夫は朝6時から夕方6時までの間に，平均68分間子どもを抱いた。身寄りがなく狩猟で助けてくれるきょうだいがない夫の場合はさらに長時間，97分間も子どもを抱いた。しかし大きなネット（森では弓矢は役立たない）を持ち，獲物の追い出しや囲い込みに動員できる親類縁者が多い一夫多妻の夫は，わずか26分しか子どもを抱かなかった。つまり，多くの資源を獲得できる夫は妻の子育てを手伝わないが，少ない資源しか獲得できない夫は妻の子育てを手伝っているのである。

III 助け合いの心と文化の創造

1) ダンゴ三兄弟物語と思いやる心

我々が $H・S・S$ に進化してからも，人口は長い間一定しており，狩猟・採集経済時代の地球人口はほぼ200万人程度であったと見積もられる。現存する狩猟・採集民の生活を見ると，生きていくためには1人あたり $10km^2$ のなわばりが必要であるし，生活していける場所は限られているからである。

こうして1年の決まった季節に，氏族が集合して数百の集団になることがあったとしても，人類は長い間，普段は20〜30人前後の小集団で数千平方キロに及ぶ部族のなわばりの中を放浪しながら生活をしてきた。しかしながらともかくも，強い補食圧の中を絶滅することなく生き延びてきたのであるから，人類という種を維持するための何らかの原理が働いていたはずである。それは

血縁選択である。

ダーウィンが，解決のアイデアに困った問題がある。彼は個体の生存を最重視したが，その考え方では自分が直接遺伝子を子孫に残すことのない個体が多くいる社会，つまりミツバチやシロアリ（膜翅目）の昆虫社会が，2億年以上も続いていることが説明できなかったのである。

ダーウィンに説明できなかったその謎は，1963年に発表されたハミルトンの，血縁選択理論で解決された。原理は簡単である。子どもに自分の遺伝子を直接残さなくても，遺伝子を共有する個体が生き延びれば遺伝子そのものは生き残っていくのである。ここに着目したドーキンスは，我々の身体は遺伝子の乗り物に過ぎない（遺伝子乗り物説）と極論した。彼のこの見解に対し，反社会生物学の立場から多くの反論がなされたが，40億年続いてきたものは遺伝子しかないことを考える時，原理として正しい。

なぜあの碩学のダーウィンに，血縁選択というメカニズムが理解できなかったのか，今考えると不思議な気もするが，当時は遺伝子の存在がわかっていなかった。実は進化論を発表するに当たって彼を悩ませたハチやアリは半倍数性であり，オスは無性生殖で生まれてくるが，メスだけが有性生殖で生まれてくる。したがってメスは母親由来の染色体と父親由来の染色体を持つことになるのである。

ここで面白いことが起こる。オスは半倍数性なので母親の遺伝子だけでよい。逆にメスは倍数性なので，残り半分の遺伝子をオスから貰わなければならない。つまり2nのメスに生まれるためには，母親からn貰うとして，残りのnは父親から貰う必要がある。そうすると，姉妹間の遺伝子共有率は，$(1/2 \times 1/2) + (1/2 \times 1) = 0.75$なので，メスが自分でコドモを産むよりも姉妹間

の遺伝子共有率の方が高くなる。自分の繁殖を放棄して姉妹同士が協力し，母親の繁殖を助ける方が種の利益にかなうミツバチ社会は，こうして何億年もの間繁栄を続けてきたのである。

　遺伝子共有率の原理は当然，人類にも働く。厳密にいえば同じではないが，きょうだいは両親からその遺伝子をそれぞれ 50％ずつ継承する。それゆえに，たとえ自分が直接に母親の遺伝子を子どもに伝えなくても，きょうだいが残してくれれば継承率はどんどんと増加する。

　例えば長男が次男と三男の身代わりとなって犠牲になったとしても，弟たちがたくさんの子どもを育てることができれば，長男には生物学的に犠牲になる意味が生まれる。こうして過去の人類は，きょうだいや血縁者が互いに助け合い，時には血縁者の犠牲になりながらも現在まで，遺伝子を継承し続けてきた。$H・S・S$ の共通の祖先，"ミトコンドリア・イヴ"の遺伝子は，このような仕組みで現在の我々に共有されているのである。この，親しい血縁個体を保護したり食物を分配したり，自分のコスト負担で他個体を助ける行為は利他的行動と総称されるが，自然環境から加えられる強い選択圧を切り抜けるには，助け合う以外に生き残る道はなかったのである。

　ところで利他的行動はお返しを受けることもある。これは互恵的利他性といわれる行動であるが，誰かに助けてもらったことを記憶していて，相手が困った時には助けてあげるという行為である。もちろん，反対給付をまったく考えずに援助行動を行うこともある。沈みゆくタイタニック号の乗客で，女性や子どもにボートを譲り，自らは大西洋に消えていった人々の行為は，反対給付をまったく考えない自己犠牲であった。

　このようにまったく見ず知らずの関係であったとしても，利他的行動をとることができるのが人類であるが，その対象となるの

は次世代につながっていく子どもや若い女性であることが多い。将来の繁殖の可能性が無意識のうちに高く評価されるのであろう。しかし，このような利他的行動が成立するためには，相手が困っていることや援助を必要としていることが理解されていなければならない。第1巻Q&A11「心の発達」で説明されたように，それには相手の志向意識を推測することが必要であり，それができるためには思いやる心，つまり相手と同じ立場に立ってものを考えることが必要である。

　思いやる心は，共感という心理的な働きがあって初めて成立する。人類は，直立することによって手の自由を獲得して武器や道具の使用を可能にしたと述べたが，武器以上に人類の生存に力を貸したのがこの共感という心理的働きであったといえよう。

2）言語と人間

　共感を含む感情は，表情を代表とする非言語チャンネルに表出されるが，人類はことばを用いることによって，自分の気持ちをより簡単に相手に伝えることができるようになった。ことばは相互理解にも非常に有効なのである。しかし人類はいつ頃，分節化された音素を組み合わせて，ことばとして使用するようになったのであろうか。

　化石として残らないことばが，いつの時代にどのようにして生まれたのかを特定することは難しい。そのため，昔はこの問題に触れない人類学者がいたくらいである。また言語学の視点からみれば，ことばには動詞や名詞をはじめとして形容詞や副詞，間投詞など，さまざまな種類がある。で，これが一斉に創始されたと考えることも難しい。したがってことばの始まりに関し，名詞が先行したとする説と，命令語のような動詞が先行したとする2つの説がある。名詞から始まったとする説は，ことばの起源を母子

の日常的な接触に求める。一方,動詞から始まったとする説は,狩猟に伴う協同から始まったという解釈が可能であり,そうするとことばはオスが最初に使い始めた可能性が高い。

　私はごく少数派であるが,マレーシアのセマン族やサカイ族,アンダマン諸島民,オーストラリア・アボリジニなどの言語研究を行ったダイアモンドと同様,動詞説を採用する。食物が安定的に供給されない限り,数百万年にもわたって原初人類が生き延びることは難しかったはずである。したがって以心伝心で,何の信号もなしに人類が共同で狩猟をし,家族を養ってきたとは考えにくいのである。

　反論は数多く可能である。確かに,ライオンがハンティングする時に互いに合図をしないのと同様,ハビリスたちが言語を使用しなくとも,狩猟を開始することに差し障りがあったとは思えない。しかし記号としての言語を持たないチンパンジーは,狩猟にいつでも成功するわけではないし,何よりもそれは主食を得るための行為ではない。チンパンジーの主食は植物なのである。

　ところが人類は,少なくともホモ・ハビリスに進化した時点で,その歯列の形状から肉食に移行していたことがわかっている。マンモスのような大型動物をハンティング対象として追跡し,また罠場に追い込んで殺して主食としたのである。

　狩猟には役割分担が必要である。また,方向を協議したり足跡を追ったりする時,何らかの意見交換がなされなければならない。行き当たりばったりではハンターになれないのである。ゆえに,行動制御を目的とする信号が狩猟に際して使用された可能性は極めて高い。その後,新人に進化してさまざまな道具を使用するようになり,対象そのものの重要性が増加し,名詞が発生したのではなかろうかと思われるのである。

　人類のことばについてブラウン大学のリバーマンは,ネアンデ

ルタール人には/a/, /i/, /u/の3種類の母音が発音できなかったと考えているが、チンパンジーが/a/の音を発音できることを考えると、ミシガン大学の言語学者シェボロシュキンが指摘するように、子音を発音する時に自動的に随伴する/a/を組み合わせた一語文、例えば排気に合わせた「*Phaa*」といったことばが、ホモ・ハビリスには成立していた可能性が残る。

　この仮説の可否はさておき、人類の言語機能を司る中枢は右利きの人で97％以上、左利きの人でも80％以上が左脳にある。つまり一般的には左脳が言語機能を担当し、右脳が空間認知機能を担当するのである。なぜ、このように左右の脳が異なる機能を持つように進化したのであろうか。機能局在の理由は、脳の容量が頭蓋骨によって制限されることにある。

　現在、表情情報が右脳で処理されているところをみれば、情報処理に関する人類の優位半球は元々は右脳であった可能性が高い。生き延びるためには空間や時間といった、全体像を直感的に処理する能力が必要だからである。しかし人類の社会的関係が複雑化し、事物の表象機能や動作を制御する機能、あるいは感情や関係を叙述する機能を音声情報に持たせていった時、すでに空間認知で手一杯であった右脳に言語情報回路を形成するよりも、まだ余裕があった左脳に言語情報処理機能を委ねる方が合理的であったのだろう。こうして現世人類は、チョムスキーが仮説するところの音声情報を文法規則によって処理する回路を左脳に持つことになった。

3) 社会的道具としての言語

　オーストラリア先住民のラディール語は、そのすべての語彙をかき集めてもわずかに200語ほどしかないが、日常生活に必要な概念をすべて表現できると言われている。

世界で最初に石器を使ったのは，もちろん原初人類である。後にホモ・ハビリスと呼ばれることになった原初人類たちは，石器を使用して狩猟した獲物を解体していた。彼らがつくり出した石器文化は，それが発見された地名からオルドヴァイ礫石器文化と名づけられている。

　このオルドヴァイ文化を築き上げたハビリスたちは，せいぜいが20～30人程度で社会集団を形成していたと推測されている。なぜならば先の世紀まで存続していた狩猟・採集民の集団構成員数からみて，また，ヨハンソンが発掘してルーシーと命名した，ハビリス以前のアファレンシスの周囲から，合計で13体分の化石が発掘されたことから類推して，この数値が最も妥当なのである。

　その最初，スカベンジャーとして出発したハビリスたちであったが，後に組織的に狩猟を行い，獲物を解体して分配する必要から石器をつくり出した。彼らが狩猟を始めた時，たとえラディール語の10分の1の語彙であったとしても，情報交換に記号が必要になったと考えられる。なぜならば，現在のカラハリ砂漠に住むクン（!Kung）族やコォ（!Xô）族の人たちが，獲物を追跡する際に頻繁に立ち止まり，さまざまな証拠を集め，獲物の逃げた方向や種類，風向きなどを検討することでわかるように，記号が何もない状態では意見の交換が成り立たないからである。

　主食を果菜類から肉に変えたハビリスたちは，組織的に狩猟をした。この時おそらく，オスの間に力量に応じた役割分担がなされた。運搬も一苦労であった。しとめた獲物を現地で解体すると，ライオンやハイエナが血の臭いをかぎつけて集まってくる。したがって獲物はキャンプに持ち帰ってから解体された。両手が歩行から解放されたことが，彼らの移動距離を伸ばし，ものを運ぶ行動を進化させたのである。このことは石器がまとまって出土

することで裏づけられている。また，メスや老人，子どもたちも植物資源を採集し，キャンプに持ち帰った。性や技量による労働の役割分担と食物分配が，社会的構造として成立したと推測されるのである。

　狩猟をしたのはハビリスが最初ではない。チンパンジーも，時に狩猟をする。しかしチンパンジーには，発情期のメスに対する分配と他個体を味方につける政治的な意図を例外として，個体間に行われる自主的な食物分配が認められない。

　それは彼らの狩猟に決まった役割がないこと，および石器を使用しないことと無関係ではない。決まった役割がないのであるから，肉は最終的に獲物を捕まえた個体の所有に帰する。これを見た仲間たちは肉の所有者に群がり，なかには引きちぎっていくものもいる。獲物が引きちぎられることで結果的に所有権が分散されるが，石器の利用がないことで，チンパンジーには分配行動が進化しなかったし，家族や友人のつながりも生まれなかった。

　獲物を持ち帰って一緒に食事をする生活の中で，チャット（おしゃべり）が発生したであろうことは確実である。チャットはクン族やグゥイ（*!Guii*）族の人たちが，友達や家族でシラミ捕りをして時間をつぶすように，頭髪のシラミ捕りグルーミングで代用されていたかも知れないが，逆に，昨日の出来事や明日の狩猟，仲間内のゴシップについてのチャットがなかったという保証もない。チンパンジーも時に笑うが，人類はその何十倍も笑う動物であることがチャットの成立を示唆するのである。

　食事もまた，チャットをつくり出す好機である。例えばチンパンジーは，母子以外はそれぞれが離れて食事をする。しかしオスが獲物を持ち帰って分配したハビリスたちは，おそらく集団の全員が集まって食事をしたであろう。伴食のあとには誰かが小鳥の歌をまねたかも知れないし，動物の声や動きを身振りで表現した

かも知れない。身振りは言語の起源に無関係であるが、模倣という行為が人類の持つ生得性である以上、ハビリスやエレクトスたちにも行為や表情の模倣は見出されたはずである。

　文法構造は模倣で獲得されるものではないが、法則に従って組み立てられる記号は学習で獲得される。サバンナモンキーのコドモが、最初は落ち葉に対してもワシ用の警戒記号を使用するように、音声記号はモデリングによって学習されたのであろう。こうして小集団には共有の記号が準備されていった。ただ依然としてそれは、化石資料に残された咽喉構造から考えても、分節化したものではなかった。

　1984年にコービ・フォーラで発掘された、推定年齢9～12歳の少年とされるホモ・エレクトスの化石（KNM-WT 15000）は、その骨格が162cmある。彼らが現代人同様の成長曲線を持つとするならば、大人になった時は190cmの身長に達したはずである。しかしながらこの少年の脊椎管の位置は、現世人類の位置に比較してよりサルに近い場所にある。また、脊椎管とつながっているリンパ系の主要管である胸管は、呼吸に伴う運動コントロールの必要上、現代人ではサルよりも随分と太くなっているが、少年の胸管はやはりサルに近い。そのため、声帯の振動に伴う肋骨の微妙な運動を上部組織に伝達することが難しい。胸管はことばの使用に対する適応として太くなってきたと考えられており、現代人よりも大きなこの少年も、やはり分節化されたことばは使用していなかったと見られるのである。

　図2-2は現代人の頭蓋骨基底部の構造図であるが、あわせてチンパンジー、アファレンシス類、ネアンデルタール人、それに現代人の比較を示す。リバーマンは新人の化石を調べ、現代人の声道の構造に近い頭蓋骨を持った人類は、その存在を10万年以前に遡ることが可能であると考える。

■図 2-2　頭蓋骨基底部の比較

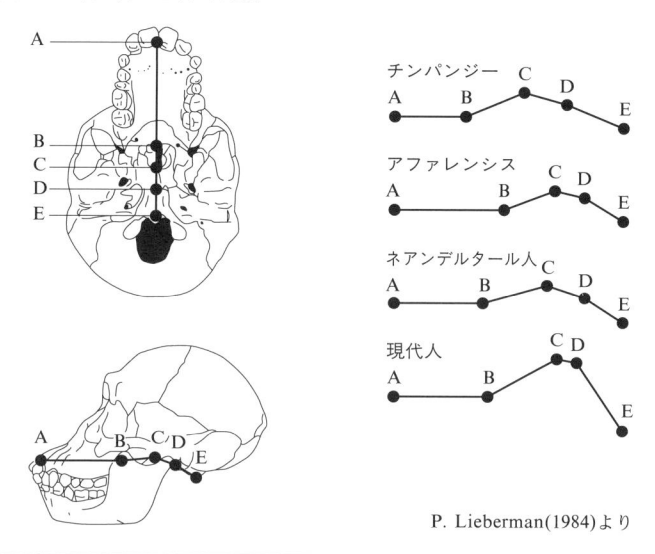

チンパンジー
アファレンシス
ネアンデルタール人
現代人

P. Lieberman(1984)より

　同じ頃，新人に大きな意識構造の変革が発生した証拠が残されている。2002 年 1 月 11 日号の『サイエンス』に発表された，南アフリカのブロンボス洞窟から発掘されたオーカー（肌に彩色をする土のかたまり）の表面には，くさび型の模様が刻み込まれていたのである。オーカーは炭素年代測定の結果 7 万 7000 年前のものとわかっており，どうやらこの頃から人類の意識構造には，物事を抽象化する能力が備わってきたようなのである。

　その後状況は，3 万 5000 年前頃から劇的に変化する。クロマニヨン人の出現とともに，石器や彫像，洞窟壁画などが突然に出現するのである。これは，$H・S・S$ という種にとって概念の抽象化が可能になった証拠と考えられている。概念を記号として操作できることは，ことばが持つ本質的な機能であるが，この時

代から生物としての人類進化はストップし，代わって言語進化が人類進化，なかでも文化進化を象徴するようになった。

　ことばは文法に沿って操作されなければ伝達機能を持たない。記号を操作する規則，すなわち文法は，チョムスキーによれば人類の生得的能力であるが，この能力を獲得することで，我々の知性は急激に進歩し，文化進化の原動力となった。

　では，なぜ人類だけがことばを持つように進化したのであろうか。それは集団構成員数の増加の副産物であると考えられている。旧石器時代，すでに広範な地域間で交易が行われていた証拠が各地で見つかっているが，3〜4万年前には時には100人を超える集団が形成されることもあったようである。集団が大きくなると互いの社会的関係は複雑になるし，声かけの機会も増加する。こうして人類は常に声を出すことで胸管を太くし，脳のブローカ野の舌や声帯運動コントロール機能を精緻化していった。しかしながらそれでも，なぜ文法構造が全人類に普遍的なのか，疑問は残る。

　おそらくそれは，ニューロン回路の成長過程と無縁ではないだろう。よく知られているように，新生児は大人よりもはるかに数の多いニューロンを持って誕生してくる。情報処理に必要なシナプスも誕生後2年間にわたって増え続け，その数は成人の最大1.5倍に達する。しかしながらその後，余分なニューロンやシナプスは刈り込まれて減少していき，最終的に7歳頃に大人同様の数に安定する。死滅した空間には各種グリア細胞が増加し，ニューロンをサポートする。

　ニューロンは一定の目的の下に回路をつくる。ニューロンは側頭室と呼ばれる脳液の詰まった場所でつくられるが，ここでつくられたニューロンは，目的部位が放出する化学物質を嗅ぎ当て，グリア細胞の支え綱に沿って軸索を伸ばし，あるいはニューロン

そのものが移動していく。こうして結合したニューロンに興奮が反復して入力されることにより，回路が固定化されていく。逆に，興奮が入力されなかったり，あるいは入力されても興奮が発生しなければ回路は消滅する。生物界における自然選択同様，シナプスもニューロンも，脳内で強い競争に曝されているのである。

このようなニューロン，およびシナプス結合の仕組みを言語回路との関係で考える場合，次のような推測が成り立つ。

ことばの創出に関係するブローカ野とウエルニッケ野を中心とするニューロン回路は，おそらくはハビリスたちが必要とした記号システムを使い得た個体が，それを使い得なかった個体よりも生存に有利であり，こうして数十万世代の間に結合するニューロン間の方向性が定められてきたと考えられる。確かに分節化された音声を言語記号として，法則性に沿って使用するようになったのは，せいぜい4万年前頃からであると考えられているが，それ以前の何十万世代を重ねて情報処理ニューロン回路は準備されてきたのである。

IV 文化の進化

言語がつくり出されたことによって，我々には文化の伝承が容易になった。しかし6万年も続いたヴェルム氷河期の間は，文化進化はそれでもゆっくりしたものであった。ところが生活の変化は突然に始まった。永遠に続くかと思われた氷河期が終わったのである。それは今から1万3000年ほど前のことであったが，これを契機に人類は農耕を開始した。

1）農耕の開始と文明の創始

　農耕の開始は，持ち帰る時にこぼれた野生種の種が居住地の近くで生長したとか，誰かが種を蒔いてみたといった，おそらく偶然のことが契機になったと思われるが，農耕を始めたことで食糧の備蓄が可能になり，やがて神聖都市が古代メソポタミア地域に成立した。

　その後人々は，1人の政治的指導者の下に共同体を形成し，都市国家体制に移行していった。なぜならばメソポタミアでは，わずかな降水は冬季に集中しており，耕地を維持するためには灌漑をする必要があった。この事業を一定の計画のもとで実行するために，より強力な権威のもとにそれぞれの共同体が参集する必要が生じたのである。狩猟採集民が独立的，かつ平等な生活を送るのに対し，農耕民，あるいは農耕を下敷きに成立していった遊牧・牧畜民たちの社会には，こうして宗教的権威や国家的権威が発生し，富や権威を持つ者（支配者）と持たない者（被支配者）という社会的階級ができあがった。

　さまざまな人々が絶えず流入する都市は，文明のゆりかごとなった。農耕（cultivus）は文化（culture）をつくり出したが，都市（civitus）は文明（civilization）をつくり出したのである。そうして5000年前頃，鉄器を使用してくさび形文字で記録をしたシュメール人がメソポタミアに到来した。くさび形文字は後のアルファベットやアラビア文字の起源となった。一方中国では，殷王朝が成立した3,600年前頃に亀甲獣骨文字がつくられた。こうして人類は文字の時代に突入していった。

　その後の文化進化はよく知られた経緯なので，ここではその問題に触れないが，世界のそれぞれの地域で多くの民族が固有の言語，それに支えられた固有の文化，そして固有の社会構造をつくり，現在までそれぞれのアイデンティティを守ってきた。そこで

この章の締めくくりとして，人類がどのような結婚をし，子育てをしてきたのか，その様子を歴史人口学から覗いてみよう。今，日本では少子化が大きな問題となっているが，人類はむしろ人口増に悩み続けてきたからである。

2）歴史人口学からみた家族の構造と宗教・文化

　人類はいつの時代にも，どのような生産構造においても家族をつくってきたが，そのあり方は宗教や文化によって若干の違いをみせる。例えばイスラームでは，結婚はアッラーに対する義務の一種であり，生涯を独身で過ごすのは好ましくないとされている。またイスラームでは一夫多妻が認められている。

　一夫多妻の結婚システムは，多産に結びつく。なぜならば妻たちの間に，夫の関心をめぐる競争が発生するし，子どもは妻の同盟者であるゆえに，可能な限り多く産もうとするからである。イスラーム社会は多産に動機づけられてきたと言える。

　一方，ローマ・カトリックでは，神父は独身であらねばならないし，修道女はイエスの花嫁に擬されている。中世キリスト教会がインセスト（近親相姦）の禁止規定を強化したことに関係があるか否か，直接の因果関係は今後とも検証されないままであろうが，世俗の信者の結婚も遅かった。これは一般的に「ヨーロッパ的結婚パターン」と呼ばれているが，すでにフランク王国時代，このようなパターンが成立していたと考えられている。

　結婚年齢が遅いことのメリットは明白である。人口増加の抑制である。生産性が低かった過去，人類は紀元前 1600 年の昔から，人口増に頭を悩ませてきた証拠が今に残されている。

　人口の増加を問題視した最古の文書は，メソポタミア（今日のイラク）から発掘されたアトラハーシス叙事詩である。それは 3 枚の粘土板に書かれた 1,245 行からなる神話であるが，この時

代,地上にはどんどん人間が増え,やかましくて仕方がないので神は人間を取り除こうとして伝染病をはやらせ,次に大洪水を起こしたと書かれている。

　この災難を切り抜けたのは英雄,アトラハーシスただ一人であった。ところがあまりにも多くの人間を滅ぼしてしまったので,後悔した神は人間が増えることを認めた。しかし,巫女たちには子どもを産まない宗教的義務を課し,デモンを創造して赤子や子どもを殺し,子どもを産める女と産めない女を造ったと記されている。

　その他にもギリシャ神話のゼウス神は,人口調整手段として数々の戦争を起こさせたし,神話の中だけではなく,中国の韓非子は紀元前500年の昔に,「人間の数が増え続け,富がますます減っていく。懸命に働いても得るところは少ない」と嘆いた。1758年にマルサスが,有名な『人口論』を著すはるか昔から,人類は人口増と生活環境の悪化という問題に直面し,宗教までがこの問題に関与していたのである。

　では実際に人類はどのような結婚をしていたのであろうか。また結婚は,直線的な人口増加に結びついてきたのであろうか。

　今から1万年前の地球人口について,さまざまな推計がなされているが,低位推計では200万,高位推計では2,000万と,約10倍の開きがある(図2-3参照)。これが紀元1年では1億7,000万から3億3,000万と,約2倍の開きにまで縮まる。その後1000年間,人口の増加は非常に緩やかなものであったが(1平方マイル9人),それでも例えばイングランドでは,1086年には平方マイルあたり30人に達していた。また,12～13世紀,つまり中世の後半から増加率が徐々に高まりつつあった。この時代は,制度的には封建制が崩壊して絶対王政へと移行していく時期であり,経済的には荘園制が解体し,封建農民たちが賦役に代わる金納化

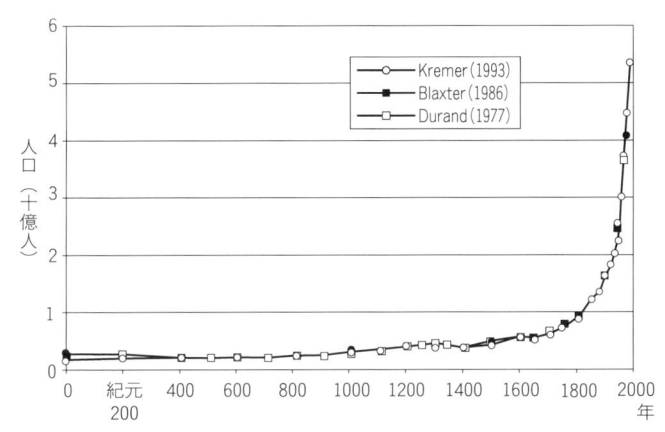

■図2-3 紀元1年から現在に至る推定人口の変化

人口（十億人）のグラフ。横軸：紀元0年から2000年。Kremer（1993）、Blaxter（1986）、Durand（1977）の3系列。

出所：Durand (1977), Blaxter (1986), Kremer (1993) それぞれの推定値をもとに, J. E. Cohen (1995) がまとめたものを転載。

へと，その納税形態を変えていく時期でもある。農村ではすでに毛織物や麻織物，絹織物のような紡績，酪農やビール醸造などの商品生産が行われるようになっていたのである。

ただ，中世は嬰児殺しが頻繁に行われた時代でもあった。その意味ではやはり「暗黒の時代」だったのである。ラッセルの研究によると，1250〜1358年のイングランドにおける若年男女の性比は，男130対女100である。男という性は劣性染色体Y遺伝子の働きによって決定されるが，女児に比較して約1.04倍多く生まれてくることを考えれば，この数値は不自然であり，女児に対する選択的な殺しが行われていたことを示唆する。

もちろんストーブから落ちてきたポットの熱湯を被って幼児が死亡したり，井戸に落ちて死亡したような場合は，その死因の特定を検死官が行った。しかし「添い寝の際の寝返り」で乳児が窒

息死したり，病気の世話をしなかったり，抱いている時に「誤って」落としたようなケースは教区牧師の扱いであった。そうして母親にはパンと水だけで一定期間を過ごす軽い罰が与えられたり，村人から非難される程度で，重罰を受けることはなかった。

　教会は当然，嬰児殺しを禁じていた。しかし商業や製造業，なかでも毛織物の生産が盛んに行われるようになったことで農地の囲い込みが行われ，農民の貧困化と都市への流入が進行した結果，貧富の差が拡大して子殺しをせざるを得ない層が増加したのである。また，作物栽培に利用できる耕地が制限されたことによって，12世紀後期から14世紀はじめの100年ほどの間に，小麦価格は3倍にも高騰した。にもかかわらず，1347年から1351年にかけて大流行したペストで人口が減少するまでは，イギリスでは人口は増加し続けた。

　15世紀から17世紀にかけて，世界人口は再び増加に転じ始める。それと同時に，人々の人口抑制に対する取り組みはさらに熱を帯びることとなった。具体的には，先にも述べたように晩婚化であり，また最終出産年齢の早期終了であった。

　例えば17世紀イタリア・ジェノバのブルジョア階級女性は，30歳前半で彼女の最終出産年齢を迎えた。生物学的に出産不可能となるのはこの当時でも40歳前半なので，10年以上も早く産み終えたことになる。これは，バチカンのお膝元においても意図的に出産のコントロールが行われていたことを示唆する。一方，庶民階級では嬰児殺しが中世とほぼ同じ規模で，引き続き直接に行われていた。

　面白いことにキリスト教では，我々がローマ・カトリックの教義からイメージするのとは異なって，夫婦の多産をなんら積極的に評価していない。中世フランク王国時代やビザンツ帝国時代，あるいは近世ヨーロッパ絶対王政時代の支配階級において，複数

の妻あるいは妾の存在とその庶子は，社会的に承認を受けた存在であった。しかし教会は，ただ一度といえどもこれを公式に認めたことはなかった。また，公式見解では避妊具の使用は，現在でも認められていない。

　ところが典型的なカトリック教国であるイタリアとスペインの合計特殊出生率は，1995～2000年の5か年平均で1.2である。これは明らかに両国で避妊が日常的に行われていることを示唆している。

　イスラームはカトリックと異なり，避妊を認めている。「コーラン」は中絶を禁じていないし，胎児が胎動を始める以前の中絶は自由である。1988年にはローマ法王パウロ二世が，教会の公式見解として避妊を拒否したのに対し，同年エジプトのムフティ（宗法解釈官）が避妊を受け入れるという宗教的教書（ファトゥア）を公布した。にもかかわらず，ムスリムの人口は現時点で10億人を超え，一家族平均で6人の子どもを抱えているし，乳幼児死亡率はOECD加盟国に比較して高い。ムスリムの女性はキリスト教国の女性に比較して多くの子どもを産み，また多くの子どもを失っているのである。

　このことは統計から明らかである。国連人口部編集・発行の「世界人口予測1998年改訂版」を開けると，次のような数値が飛び込んでくる。いずれも1995～2000年の5年間予測平均値であるが，日本の乳幼児死亡率は1,000人中4人，欧米は5人から8人である。これに対してサウジアラビアでは，1,000人中23人が，アラブ首長国連邦では16人が，イラクでは95人が，アフガニスタンに至っては151人が死亡する。2001年のニューヨークに加えられたテロ実行グループのアル・カイーダが基地としていたアフガニスタンや，フセイン政権打倒に伴うアメリカを中心とするイラク侵攻とその後の政治的混乱などで，両国の乳幼児死亡

率は国連予測よりももっと高くなっていると思われる。これは特殊事情であるが、一般的に、イスラーム諸国には高い乳幼児死亡率が認められるのである。

　裏腹の関係が出生率に反映されている。2000年度の日本の女性の合計特殊出生率は1.34であったが、2003年にはついに1.3を割り込んだ。1995年から2000年5か年国連予測は日本が1.4（政府将来予想1.39）、欧米は1.2から2.0と査定している。これに対してサウジアラビア女性の合計特殊出生率は5.8、アラブ首長国連邦3.4、イラクは5.3、アフガニスタンは6.9である。

　このようにイスラーム諸国では多くが生まれ多くが死亡するが、その原因としてイタリアの人口学者リヴィ＝バッチは、女子教育が不十分であることを第一の理由にあげる。確かにアフガニスタンに本拠を置いた原理主義者集団のタリバーンが、女児に対する学校教育を拒否したり、女性を家庭に閉じ込めようとしたことを考えれば、それが衛生や栄養などに関する諸知識の不足を招き、さまざまな意味でムスリムの女性にハンデキャップをつくり出していることは十分に想像できる。宗教はやはり、家族構成や家庭生活に影響を与えているのである。

3）家族が旅する道

　人類は農耕を開始してからも長い間、平均出生率と死亡率がともに高い時代が続き、人口増加率はゼロに近い状態にあった。ところが近世に入り、平均出生率はほぼ一定であるか、あるいはやや増加傾向にある一方で、平均死亡率の低下が起こり、人口は増加し始めた。

　この現象は、ヨーロッパ諸国においても、あるいは日本を含む東アジア諸国においても同様であった。例えば17世紀初頭の日本の人口はおよそ1,000万人と見積もられている。これが徳川吉

宗の時代，1720年にほぼ3,000万人（増加率0.9％/年）になり，その後増加率が急に低下し（0.2％/年），明治初頭の1870年には3,500万人であった。

速水融の諏訪地方の調査によると，女性の結婚年齢は徳川初期には16歳前後であったものが末期には20歳になっており，1700年以前の女性が平均5.5人の子どもを出産したのに対して，1750年から1800年に出産した女性は，平均3.2人しか産んでいなかった。洋の東西を問わず，少子化が進行していたのである。

人類は緩やかな一夫多妻社会であると言われる。フィッシャーの統計モデルに従えば確かに最終的に性比は一対一で安定するが，男性と女性の包括適応度（1人がその生涯に残せる子どもの数）のありかたの違いが，一夫多妻の結婚形態につながるのである。実際，マードックが調査した862の人類社会において，83％の社会が一夫多妻，16％が一夫一妻，そうして残りの0.5％が一妻多夫社会を採用している。

社会生物学が指摘するように，オスは自分の包括適応度を増加させるためには多くのメスと交尾をすることが最適戦略である。したがってオスは子育てをメスに押しつけ，可能な限り多くのメスと交尾をしようとする。一方メスは，ひとたび妊娠すれば，例えば人類では290日ほど子どもを胎内で養い，出産後も4～5歳までは手厚い世話を与えなければならない。したがって女性が少ない社会では，出生率は低下せざるを得ない。これを制度化し，人口増を抑制しているのが一妻多夫社会である。

一妻多夫社会は非常に厳しい生態学的環境におかれた民族のみに認められる。複数の男性が，これは通常兄弟の場合が多いが，1人の女性の夫となり，生産に従事する。具体的な例がインドのトダ（*Toda*）族やパーリ（*Pahari*）族であり，標高3000m前後のネパールの高地に住むニンバ（*Nyinba*）族である。パーリ族

では女児殺しは報告されていないが，世話の放置が女性人口の少なさにつながっている（男性1,000人に対して女性789人）。ニンバ族の理想の結婚は3人兄弟が1人の妻をめとることであり，1人が畑の世話を，もう1人が遊牧や家畜の世話を，そして最後の1人が交易に従事するのである。

　ニンバ族の婚姻の10％は2人の夫が1人の妻を共有し，58％は4人の夫が1人を共有する形態である。もちろん彼らの社会でも，一妻多夫は必ずしもうまくいくケースばかりではない。兄弟であっても，途中で竈を分けて別の妻をめとることもある。この場合には当然耕地は分割されるし，自分が父親であると思われる子どもは，竈分けした兄弟が引き取る。婚姻の多くは親によって世話がなされるが，最年長の兄弟がまとめることもある。

　夫婦の間にできた子どもは，長子は最年長の兄の子ども，次子は2番目の兄の子どもであることが多く，最年長の兄が一番多くの子を残し，最若年の弟が残す子どもが一番少ない。ニンバ族を調査したN.レヴィンの計算（1988）によると，安定した一妻多夫の関係で，夫は1年に0.1人の子どもを残す。つまり10年に1人の子どもの親になれるのである。この数値が0.04に低下する時，竈分けが行われると計算されている。0.04という数値は，人間社会において人口が2倍に達するための準備期間が1,600年以上あることになり，0.1の場合には693年が必要という計算になる。人口増加の抑制には一妻多夫の社会制度が効果的なのである。

　このような特殊な社会制度は特殊な地域に限定されるが，一般的には経済が発展していくと死亡率が低く安定し，平均出生率が減少する現象がみられる。これはゆっくりした人口増を意味しており，出生率転換とも言われる。その後さらに，平均出生率が低くなり，平均死亡率も低くなる社会構造になる。この段階では生

まれる数と死亡の数がほぼカウンター・バランスにあり，集団の数は安定するが時にマイナスになることもある。現代日本はまさに，この人口変化の第4段階にあるが，出生率の落ち込みが急に進行したことが高齢者人口増加につながり，経済成長をはじめとするさまざまな側面で案じられている。

例えば昭和22年の男性初婚年齢は26.1歳，女性は22.9歳であった。それから55年たった平成14年の男性初婚年齢は29.0歳で，3歳ほど遅くなっている。同年の女性初婚年齢は27.2歳と4.3歳遅くなっている。敗戦・復員などの特殊な要因があったとはいえ，昭和22年の合計特殊出生率が4.54であったのに対して，平成15年にはこれが1.29にまで低下した。

ヨーロッパ的結婚パターンが示すように，晩婚は確かに出生率を低下させる。しかし晩婚化以外の理由でも，日本の夫婦は子どもを産まなくなった。その理由はさまざまに語られているが，女性の高学歴化が社会進出を促進したことと，教育費を含む育児費用の高騰が二大理由である。また，初婚年齢が高くなったことによる体力的な問題で，夫婦が子どもを望まなかったり育児負担を忌避することが3番目の理由である。したがって今後とも，日本の出生率が人口の自然増を意味する2.08以上に上昇する可能性は，現時点ではかなり低いと言わざるを得ない。

女性の高学歴化は先進国に共通の現象であるが，わが国においても例外ではない。通信制高等学校への進学を除いた男女高校生進学率は，昭和44年にわずかながら女子が男子を上回って以来，今日に至るまで一貫して女子が高い。短大を含む高等教育機関への進学率も，時に逆転することはあるが，平成元年以後，女子が男子を上回っている。その結果日本では，平成15年には18歳人口の半数が高等教育機関に進学するという，世界にあまり例をみない高学歴社会に突入した。

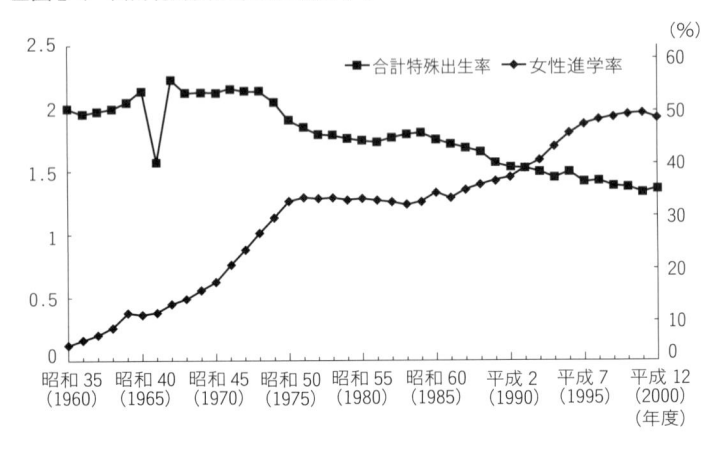

■図 2-4　合計特殊出生率と女性進学率

一方で，先に述べたように女性の合計特殊出生率は減少し続けており，2つの関係をグラフに表すと面白い現象が見えてくる。

図2-4に示したように，昭和49年（1974）を最後として，合計特殊出生率は2.0を割り込む。結婚後，最短でこの年に出産するとすれば48年度中には妊娠が成立していなければならない。48年度の女性初婚年齢は24.3歳であり，もし彼女たちが大学へ進学したとすれば，昭和41年から42年にかけてがその入学年度となる。女性の大学進学率は39年に11.6％と，初めて10％を超え，その後，急カーブを描いて増加する。20％を超したのは46年であるから7年後，30％を超えたのはそのまた4年後で，昭和50年のことである（32.9％）。たった11年で3倍以上に増加し，進学率が30％を超えたあたりから，合計特殊出生率は減少を始めるのである。

合計特殊出生率と女性進学率のグラフは，平成3年（1991）に

交わる。出生率が1.5を割り込むのは平成5年で,翌6年にはいったん1.5に回復するが,7年度からは低下の一途であり,15年度は1.29と,世界でも最低レベルにまで落ち込んだ。ちなみに女性の社会進出が進むシンガポールの2003年合計特殊出生率は1.25,ホンコンが0.925,台湾は1.24であるし,韓国は1.17(2002年統計)である。日本では女性の進学率が30％を超えた頃から合計特殊出生率は1.5を割り込むことになったが,同様の現象は他の東アジア諸国にも見出されるところが興味深い。そうして2006年を境に,日本の人口は減少へ向かうと予測されている。

このような少子化に対して政府は危機感をあらわにしているが,10年以上もバブルの後始末で苦しんだ国民は,必ずしも政府と同じ考えではないのではないかと推測される。

確かに国土全体というレベルで考えれば,昭和20年代後半から始まった農村から都市へ,地方から中央への人口移動は現在も続く。例えば2000年の東京都人口は1947年の2.41倍,神奈川県は同じく3.83倍に増加している。ちなみに2000年の東京都人口は12,064,101人,神奈川県は8,489,974人で,この2地域で日本全体の1/6を占める。しかし近い将来,確実に人口は減少に向かう。現在の出生率と死亡率が続く時,西暦3300年には日本列島に住む日本人がたったの2名,3384年にはゼロになると計算されるのである。

現実には日本人がゼロになることはあり得ないと思われるが,それでも100年後には,日本の人口は6,400万人にまで減少する可能性がある。現在のほぼ半分であるが,これは昭和5年の国内人口と同じである。そうなった時,現在の年金制度が崩壊するとか,財政収入の減少で日本経済の活力が奪われるとか,医療費を含む社会保障費の増加で財政赤字が増大するなど,現在ではとか

く否定的な側面のみが強調されている。

　しかしながら人口減少には，当然プラス面もある。人口が減少すると1人あたり国民所得が経済成長率を上回り，今までに蓄積してきた資本を適正に再配分することで，個人としてはアメリカ以上の豊かさを実現していくことができるという予測は，その最たるものである。

　アリエスは，個人が重視されるようになった近世ヨーロッパにおいて，〈子ども〉が誕生したと述べたが，同様の比喩で少子化が進行する100年後の未来日本において，〈子ども〉は公共の財となっていると私は考える。なぜならば，公共財としての文化の伝承を担うのは子どもだからである。

　例えば100年後の日本を考えた時，京都の祇園祭が途絶えていることは考えにくい。祭りや神事，あるいは家族の持つ伝統は，親から子へ，老人から若者へとその内容が伝承されていく。それゆえに人類にとって究極の財は，子どもである。しかも，子どもを残すことは遺伝子にとっても究極の目的である。ドーキンスのように，我々は遺伝子が利用する"乗り物"であるとまでは言わないが，現実に生命の歴史を通じて残ってきたのは遺伝子である。種は滅びるが，DNAは常に新しい種に受け継がれていくのである。そこで第3章では，遺伝子を受け継いでいく財としての子どもを，人類はどのように育ててきたのか，特に日本における子育ての歴史を振り返り，今現在の問題点を考えてみたい。

■**第3章**■

日本の子育ての知恵
―― 近世から近代まで ――

　しつけという行為を単純に定義するならば,「子どもの社会的自立を促進させるための教育」であり,従来は家庭と地域社会の両方がこれを担ってきた。しかしながら特に戦後,急速に進行したゲマインシャフト的世界（郷村共同体）の崩壊によって,地域や子ども集団によって担われてきた自律的なしつけ機能が崩壊し,子どもの社会化に関連する教育のすべてが親の肩にかかってきた。

　このように,子どものしつけに対して親だけがかかわり合う現象は,長い人類の歴史の中で欧米社会を含めて100年に満たない。そこでこの章を始めるに当たってまず,過去の日本の子育てがどのような特徴を持っていたのかを考えてみたい。現代の子育てと比較することで,それぞれの良いところ・悪いところの検討が可能になるからである。その結論を受けて,子育てはどうあるべきなのかを考えてみたい。

I　父親が子どもを教育した時代

　近世という時代区分は，日本史では織豊時代から江戸時代末期までを指すが，子育ての視点からこれを振り返れば，しつけを含む子どもの教育に，父親の姿が全面的に表われていた時代であった。奉公に出した子どもが初めて帰って来るというので前日から眠れず，帰ってきたらあれを食べさせここに連れて行きと，さんざん計画をしゃべって妻に馬鹿にされる落語の「藪入り」の父親の姿は，当時の父子関係を如実に示している。初代イギリス公使のオールコックやオランダ商館のフィッセルも，父親が子どもを抱いて町を歩いている姿がごく普通であると記しているのである。

　庶民に負けず劣らず，武士階級の父親も子どもの成長を一途に楽しみにしていた。その様子は土佐藩の楠瀬大枝の日記『燧袋（ひうちぶくろ）』や，桑名藩士渡邊平太夫と，その娘婿で柏崎陣屋に勤務替えになった渡邊勝之助が飛脚便を使って交換した子育て日記（『桑名日記』『柏崎日記』）からも読み取ることができる。母親はより小さな子どもの世話や家事に手を取られ，子どもの教育を含め，対社会的な交渉のすべてが父親に任された時代，それが近世江戸時代だったのである。

　世界が狭かったこの時代，親子の心理的距離は非常に近かった。両者がどのくらい近かったのかその物理的な距離関係も含め，その関係を物語る資料は外国人の日記や見聞録などに数多く残されている。

　最初にそのことを指摘したのがイエズス会の宣教師，ルイス・フロイスである。フロイスが日本を訪れたのは信長の時代であったが，彼は，「われわれの間では普通鞭で打って息子を懲罰する。

日本ではそういうことは滅多におこなわれない。ただ（言葉？）によって譴責するだけである」と記している。また1565年2月20日付の手紙には，決して懲罰を与えないとも書いている（『ヨーロッパ文化と日本文化』）。

　フランス海軍士官として幕末の日本を訪れたE.スエンソンは，「日本人の家族が通りに面した部屋で楽しそうに団らんしているのが目に入ってくる」し，「そこいらじゅう子どもだらけで，その生き生きした顔，ふっくらした身体，活発で陽気なところを見れば，健康で幸せに育っているのがすぐ分かる」と記している（『江戸幕末滞在記』）。

　明治初期に東京帝国大学で動物学を教えたE.モースも同じ感想を持っており，「外国人たちの間で日本が子どもたちの天国であるという意見が一致しており，（中略）刑罰もなく，咎めることもなく，叱られることもなく，うるさくぐずぐず言われることもない」（『日本その日その日』）と記している。『桑名日記』を書いた渡邊平太夫は，孫だからという見方もできなくはないが，手元に残した孫の鐐之助がほしがるものはすべて与えている。江戸時代の教育者たちが例外なく，「姑息の愛はいけない」と注意しているところをみれば，平太夫の行為は別に珍しくなかったのであろう。江戸時代，下級武士や庶民階級の親は子どもに非常に甘かったのである。

　しかし，甘やかしが子どもをスポイルしたかというとそうでもなさそうである。モースが，「彼らはいかにも甘やかされて増長してしまいそうであるが，而も世界中で両親を敬愛し老年者を尊敬すること日本の子どもにしくものはない」と記したように，そうはならなかった。確かに当時，封建制度と相互の義務を強調する儒教的価値観が人々を支配していたが，子どもは怒りではなく愛で育つことを物語るものであろう。

子どもに優しく接するという原則は，下級武士や農民，町人などの庶民階級の親たちの子ども観を反映したものであった。近世ヨーロッパの親が，子どもは放置しておけば人間が本来的に持つ，悪に走る行動傾向が助長されるので指導しなければならないと考えていたのに対して，日本では万葉の昔から子どもは宝であり，こころで結ばれる存在だったのである。

II 江戸の教育

江戸時代の教育には，儒教を思想的背景にしたこと以外に，3つの大きな特徴があった。早期教育，間接的教育，女子教育である。

早期教育は，武士階級の子どもたちに対してなされた。儒教教育の特徴は「孟母三遷」の逸話に象徴される早期教育にあるが，武士階級においては4, 5歳から家塾や私塾で学ばせ，後に藩校に進めるのが普通であった。3, 4歳からオモチャとして紙と筆を与え，常に筆に墨を付けて遊ばせるとよい（『安斎随筆』）という人もいた。落書きのすすめである。現在では江戸時代以上に早く，2, 3歳から英語教室に通わせる親もいるが，儒教の本家中国でも早期教育は当たり前であり，我々はいまだに儒教3000年の伝統の呪縛下にあるのかも知れない。ただ，今と大きく違うところがある。現在は主に母親が子どもの教育を担当するが，江戸時代にはこれを父親が担当した。

江戸時代の早期教育は情操面から始まった。例えば徳川家康は，利発ではあるがわがままでもあった秀忠の次男，国松を育てるに当たっての17項目にわたる注意を秀忠の妻に書き送った（『東照宮御消息』）。

手紙の中で家康は，国松が利発であるからといって増長を許すと，成長後に気まま者になるゆえにわがままを許してはいけない。わがままを言ったり短気を起こした時は，主君の子どもだからといって特別扱いはいけない。何事もがまんをさせるということが一番大切であり，気随気ままはだめであると秀忠の妻を諭す。子どもは立木と同じで幼い時は素直だが，2，3年たったら添え木（守り役）をして不要な枝葉は切り落とし，年々手を入れていけばまっすぐに育つと忠告するのである。

　後に駿河大納言忠長となった国松は，乱暴な行いが過ぎて兄の家光から自害を命じられるが，政治的理由のほかにも家康が見抜いたように，感情を制御してがまんする力が身についていなかった可能性は高い。

　家康の早期教育論は，教育者貝原益軒（えきけん）の主張に通じる。益軒自身は一度も実子を持ったことがないが，彼は「鉄は熱いうちに打て」という早期訓育論者であった。成長後に改めて別の価値観を導入しようとしても，個性が出来上がったあとでは難しいというのである。だからわがままを許してはいけないし，ほめるのも子どもが驕るので良くない（『貝原篤信家訓』）。

　江戸時代教育の2番目の特徴は，子どもの行動を直接修正するのではなく，大人が自分の行動を律することで間接的に修正していこうとしたことである。幼少期の子どもの世話は当然，家庭でなされることであり，子どもが良くなるも悪くなるも両親の育て方ひとつであると，貝原益軒をはじめとして江戸時代の教育者はその全員が，子育ての責任は家庭にあると言い切る。東　洋のいう「滲み込み」型教育モデルであるが，ただそのモデルを父親に求めたところが江戸の教育の特徴でもある。

　伊勢流礼法家の伊勢貞丈の『安斎随筆』には，「小児は父のまねをして，善にも悪にもなるものなり」と記され，父親の影響が

非常に大きいことが強調されている。『民家育草』を表した大蔵永常も,「父の子を育てる善悪によって, 一生の賢愚, あるものなれば, おろそかに思うべからず」と釘を刺す。

　3番目の特徴が女子教育である。女子に学問は無用という人たちも多かったが, 貝原益軒をはじめ識者たちは女児も漢字や算数を学ぶべきであると主張した。近江聖人と尊敬された中江藤樹(とうじゅ)がその生前, 出版を許可した唯一の書籍が女性向きの教訓書『鑑草(かがみぐさ)』であったことや, 町人出身ではあったが伊藤仁斎(じんさい)と並び称された朱子学派儒者中村惕斎(てきさい)が, 女児用に『比売鑑(ひめかがみ)』を書いて出版したように, 儒者たちも女子教育を重視した。しかし庶民の女子を対象とした教育は, 実際には寺子屋の師匠や心学者たちの手で行われた。

　心学は町人出身の石田梅岩(ばいがん)を創始者とし, 庶民階級の道徳や倫理を, 仏僧が行う説教のような形でわかりやすく大衆に講義したものである。京都の呉服屋に奉公していた梅岩は, その45歳の時に私塾を開設し, 儒教や仏教, あるいは神道などの思想をかみ砕いて解説したが, その看板に「席銭入り申さず候, (中略), 女中方は奥へ御通り成さるべく候」と表記した。このことは彼が一般庶民, なかでも将来の母となる女子の教育を非常に強く意識していたことを物語っている。

　心学者たちの講義は庶民に大いに受け入れられた。江戸後期に大阪の医師によって書かれた『浮世の有(あり)さま』にも,「心学は女・子どもにもわかりやすく, 風儀にとってすこぶるよろしい」と, その評判が記されている。庶民は, 心学が説く日常道徳哲学にいたく共感したのである。

　官学の朱子学が, 封建制度の人間上下差別を天地間の秩序に置き換えて正当化しようとしたのに対して, 当時すでに経済の実権を握っていた商人出身者が多かった石門心学(せきもんしんがく)の教育者たちは, 人

間は平等であり善であることを主張した。このような主張は大名や武士階級の一部にも受け入れられ、幕末には全国に広がっていった。これは庶民階級の教育や道徳レベルを、少なからず向上させたという点で画期的であった。

III 寺子屋

　「学ぶ」ことの重要性に庶民たちが気づき始めたのは、江戸中期からである。それは寺子屋への就学率に反映されている。寺子屋は中世の寺院における世俗人の教育に始まるが、徳川政権が安定し、流通経済が発展するにつれて書類のやりとりが必要になり、文字を知っていることの有利さが自覚されたのである。

　庶民の識字欲を満たすために、元禄年間（1688〜1704）から寺子屋が増加し始め、幕末を控えて世情が騒がしくなり始める前の天保年間（1830〜44）には爆発的に増加し、明治維新までに累計で15,512の寺子屋が日本各地に開設された（『日本教育史資料』）。このほかにも庄屋クラスの農民たちは、合間を見て村の子どもに手習いを教えていたようであり、正式に開設されていたわけではないがこのようなケースを含めると、相当数の私塾が存在したと思われる。

　その結果、幕末に訪日したロシア正教会の宣教師ニコライに、「確かにこの国の教育は高度なものでも深い奥行きのあるものでもない。だがその代わり、国民の全階層にほとんど同程度にむらなく教育がゆきわたっている」（『ニコライの見た幕末日本』）といわせたように、かなりの住民が読み書きできた。庶民の識字熱や教育に対する渇望は、特に江戸後期、非常に高まっていたのである。

ではどのくらいの数の子どもが寺子屋や私塾に通っていたのであろうか。太田素子によると，例えば土佐藩には1850年代に全部で217の手習い塾が開設されており，そこで学んだ女子生徒は，調査年がそれぞれ異なるので正確ではないが，総数1,602名とカウントされている。一方男子生徒は8,652名であるから女子の5.4倍になり，幕末の土佐藩では学齢人口の就学率が12.3％，男児のみの就学率に直すと21％になると計算している。太田が計算したこの数値は，教育を受けたのが武士階級の子女だけではなく，富裕な農民や商人の子女も読み書き・計算の基礎教育を受けていたことを物語っている（『江戸の親子』）。

　寺子屋への女児就学率が高かったのはやはり江戸である。通学した児童の平均であるが，例えば日本橋地区の女児就学率は，男児を100人とした時110.4，本郷では100.7，神田では98.2，浅草では97.5人と石川謙は計算する。江戸庶民の，女児に対する教育熱の高さに驚かされる。江戸における男女児の就学率は，おそらく当時の世界で最高であったと思われるが，女児だけの就学率を見ると，江戸を含む関東地方で42％，近畿地方で30.95％，中国地方で19.18％，東北地方は5.32％になる（『寺子屋』）。

　女児の就学率の増加に伴って，幕末の寺子屋師匠の18％は女性によって占められていたと菅野則子は計算する（『一橋論叢』）。女性教育者もまた，多数いたのである。また女子に関していえばどこの村落にも「お針屋」が開かれており，裕福な農家の主婦が娘たちに，縫い物だけではなく作法や生け花などまで教えた。当時女性は特定の職業を持たなかったが，裁縫はいざという時の生業になるものであり，「お針屋」における技術の習得は重要であった。このような女子に対する生業教育は，ほぼ無料に近いものであった。こうして基礎教育を受けた女子がやがて母親になり，明治の人材を育成していった。

IV 母親が子どもを教育した時代

　歴史年表的にいうと，近代は明治維新から始まる。皇族・華族・士族・平民という戸籍上の身分を残したものの，原則四民平等で職業や居住地の自由などを保証した明治政府は，これによって国民国家を目指した。

　宣教師ニコライの目に映ったように，江戸時代末期の日本の識字率は世界に誇る水準にあった。しかし富国強兵政策を採用した明治政府は，今までの寺子屋教育ではなく，国家が管理する組織的な教育システムの必要性を強く感じた。そこで明治元年12月に，箕作麟祥（みつくりりんしょう）や後の文部大臣森有礼（ありのり）などが学校取調に就任して教育制度の統一に取りかかり，庶民を対象とする学校の設立を奨励した。その結果，明治2年5月には京都市民の手によって日本最初の小学校が開設され，最初の女学校は但馬出石藩（たじまいずし）と豊岡藩がそれぞれ，明治3年に設立した。その後，同5年に学制が頒布され，国民に対する悉皆的義務教育を実施していく準備が整った。

　明治という新しい時代の到来は同時に，長く続いた郷村の共同体社会が漸次的に解体されていく序章でもあった。郷村が解体されるきっかけは，明治6年に始まる租税の金納化と，綿製品など軽工業製品の農村への流入にあった。それまであまり現金に縁のなかった農村は，こうして否応なしに商品経済の枠に組み入れられていったのである。

　産業史的に見れば，この流れが加速したのは明治20年前後である。特に19年から22年にかけては企業勃興期であり，多くの企業が創設された。しかしその一方で，工業化は生産財の輸入を伴い，綿糸紡績業の過剰在庫などで大幅な輸入超過に陥った日本は，22年の米価高騰（最初の米騒動）をきっかけに，23年には

金利上昇による株式恐慌（最初の経済恐慌）が発生した。これは結果として，郷村に縛りつけられていた人々の流動化を促進した。

　法で縛られていたとはいえ，江戸時代，所帯主が村落の外に出稼ぎに出ることはなかった。出稼ぎで人別を移すのは次・三男や娘たちの奉公働きに限定されていたが，現金が必要となった明治の農村では，所帯主が出稼ぎに行って家計を支える農家が急増した。

　海外出稼ぎも珍しくはなかった。例えば明治19年のハワイには，出稼ぎの日本人が約2千人いたが同23年には1万5千人弱，26年には2万310人の日本人が在住していた。これは当時のハワイの人口の1/5強に該当する。

　民俗学者宮本常一の家も，父が出稼ぎに行ったあとを老人と母親で守る，そういう家族のひとつであった（『家郷の訓』）。宮本の故郷（山口県大島郡）では，夫たちの出稼ぎは大体25年続き，50歳で隠居して農業に専念したという。もちろん盆正月には必ず帰省するのであるが，夫が長期に出稼ぎに行く時，所帯主の役割は実質的には妻が背負わなければならなかった。明治中期以後戦前までの農村において，文化の伝承や子どものしつけ役割を担ったのは父親ではなく，実は母親だったのである。

　旧士族たちの中には，子どもを抱いたことがないという父親もいた。人件費が極めて安かったこの時代，子守や家事手伝いの娘たちの雇用はたやすいことであったし，書生もいた。だから中には，小川芳樹・湯川秀樹・貝塚茂樹・小川環樹四兄弟の父で京大教授であった小川琢治のように，『礼記』に「君子は孫を抱くも，子を抱かず」と書かれているからといって平然としていた父親もいたらしい。貝塚茂樹の回想である。

　貧乏士族ということばが残されているように，士族の子どもで

も貧苦の辛酸をなめた人たちも多い。玉川学園を作り上げた小原国芳もその一人である。村の娘たちに裁縫を教えたり賃仕事をしながら7人の子どもを育て，37歳で急逝した母の思い出を，平凡ながらも気配りが細やかで，「不撓不屈の精神の持ち主であった」と回想する。しかし，この感覚が薩摩士族の矜持なのであろうが，彼が喧嘩に負けてくることだけは絶対に許さなかったという。昔の，優しいけれども迫力ある母親像が生き生きと伝わってくる話である（『私の履歴書』）。

　こうして子どもの社会化教育は母親の手によって行われる家庭が多かったが，子どもの知識教育は国家が担った。

　国民すべてを対象とした義務教育は，明治19年4月の小学校令で始まった。しかしそれ以前は，司馬遼太郎の『坂の上の雲』に描かれているように，のんびりしたものであった。後の陸軍大将秋山好古が，教師として最初に赴任した大阪の小学校は寺にあり，校長1名，先生1名（秋山），寺男1名が職員であったと語られている。明治初期，小学校とは名乗りながらもその内実は寺子屋であり，大阪では商売のやり方を教えていた学校もあった。東京府の公立小学校生徒数が私立小学校（元の寺子屋）在籍生徒数を上回るのは，ようやく明治25年（1892）なのである。

　就学率の上昇には教育勅語，すなわち教育の国家統制が大きく作用したと思われる。勅語が発布されたのは明治23年（1890）10月であったが，その直前に第二次小学校令が発布され，改めて義務教育は3年と定められ，尋常小学校は3年と4年制が併設，高等小学校も2年，3年，4年制が併設された。国民の多様なニーズというよりも，貧困の度合いによって修学年限に幅をもたせることができるように設計されたのである。

　そのことは授業料にも反映されている。慶應義塾大学の塾長を務めた小泉信三はわんぱくが過ぎて満6歳に達する前に，小学校

に入れられたという。明治27年のことであった。ちなみに姉は8歳で入学したともいう。彼が入学した東京市立御田小学校尋常科の授業料は月額70銭，50銭，30銭と3クラスに，高等科も同じく1円，70銭，50銭の3クラスに別れ，父兄の都合でどれを選んでも良かったらしい（『私の履歴書』）。ちなみに小泉の母親は，50銭を選んだという。

しかしこの時代を境に，親は子どもの教育から解放された。教育勅語に，「国家生存ノ為ニ臣民ヲ国家的ニ養成スル」ことが学校教育の目的であるとうたわれ，国家が子どもの教育の前面に躍り出たのである。その代わり親たちは，兵士として子どもを戦場に送り出さなければならなかった（国民皆兵制：明治22年）。

義務教育は，日清戦争（1894～95）の前後からようやく普及し始め，日清戦争が終結した明治28年の就学率は男児が76.65％，女児が43.87％，全体では61.24％であった。平均が90％を超えたのは明治35年，ほぼ100％に到達するのが大正4年（1915）である（下川耿史編『近代子ども史年表：明治・大正編』）。ちなみに日露戦争は明治37年（1904）に始まり，翌38年に講和条約が結ばれた。2度の大きな戦争の前に，いずれも就学率が高まっていることが印象的である。このような義務教育就学率と実質就学率を図3-1に示す。

こうして国民は，子どもの教育を国家に委ねたが，教育の国家統制が始まる以前，福沢諭吉や中村正直（まさなお），箕作秋坪（みつくりしゅうへい）などの啓蒙思想家や自由民権運動家たちは，今日まで続く子どもの教育「家庭責任論」を声高く主張していた。例えば福沢は，「子どもの習慣は全く父母の一心に依頼するものというて可なり。故に一家は習慣の学校なり，父母は習慣の教師なり」と，家庭内教育の重要性を強調した（『教育の事』）。

たとえば植木枝盛（うえきえもり）たち自由民権運動家は，家庭内教育は母親が

■図 3-1　明治期児童の就学率

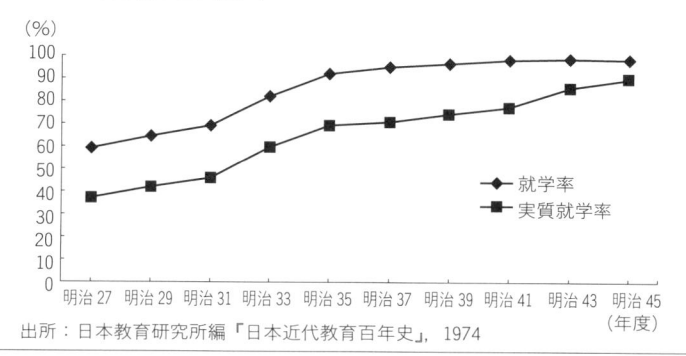

(%)／就学率／実質就学率／明治 27　明治 29　明治 31　明治 33　明治 35　明治 37　明治 39　明治 41　明治 43　明治 45（年度）

出所：日本教育研究所編『日本近代教育百年史』，1974

担当するべきだという主張を行った。それは高まりゆく帝国主義のうねりの中で，欧米を見習い中国文化の影響から離脱する「脱亜入欧」，あるいは「拝西洋・廃東洋」の裏返しでもあった。母親に子どもの教育を押しつけ，父親を兵役や産業戦士として国力増強に使う富国強兵政策の明治政府にとって，家族がしっかりと構造化されることは願ってもないことであった。こうして奇妙なかたちで，自由民権運動と富国強兵政策の明治政府は一致点を持った。

啓蒙思想家にしても自由民権運動家にしても，生活スタイルを含めて欧米の思想や文化を正確にコピーすることが近代化への道筋と信じた。そこで福沢や植木たちは民衆の教化活動に熱を入れた。

例えば植木枝盛は，日本がインドやポーランドのように植民地化されないためには母親教育が必要であるという意見を強く持っていた（『養育論』）。しかしその主張の中に，米国ノルゼント氏の教育論と断った一文があるように，植木の論旨にはすでに日本語に訳されていた欧米の育児論の影響が強い。

そのことはさておき，明治20年前後の日本で子どもの寝室を親の寝室と別に確保できる家がどれだけあったかは大いに疑問であるが，植木は親子が1つの部屋に寝ることはよろしくないという。母親が一緒に添い寝するから子どもはお乳をほしがるので，最初から寝室を別にしなさいと指導する。

もちろん子どもが泣くからといって，なだめるためにお乳を含ませるのもよくない。それは依存心のもとであり，「心身独立の基礎を害する」からである。授乳の時間は親が決めた通りに守り，4か月齢からは4時間ごとに規則正しく与え，たとえ子どもが泣こうとも夜半は与えてはいけない。文中には，朝5時に第1回目をと，時間指定までしてある。庶民たちの伝統的育児が子ども中心に行われていたのに対して，親が主導権を握るべきであり，早くから規則正しい生活習慣に導入することで自立心が芽生えると教えたのである。

植木はまた，過去の日本では子どもは親の隷属物であるかのように見なされていたが，それは間違いであると説諭する。子どもに体罰を与えたり辱めることは，知識や精神の発達を阻害するからいけない。その逆に，子どもに「自分は値打ちがある者だ，貴き者だ（原文）」と自信を持たせ，自分で自分を大切にするように育てるべきであると忠告した。

植木枝盛のこの主張には背景がある。彼が参考にしたであろう近代ヨーロッパの厳格なしつけは，人間の自由意志よりも神の恩寵を重んじるポール・ロワイヤル修道院の聖職者たちを中心とした運動として，17世紀に始まった。その後，パスカルやモンテーニュといったモラリストたちが，子どもの道徳発達には厳格なしつけが必要であると主張し，それまで主流であった子ども中心の育て方を批判した。

ところで我々日本人の目から見れば，中世ヨーロッパの子ども

が甘やかされていたとは決して思えない。8歳にもなれば子どもたちは大人と見なされていたし，里子として田舎に送られ，実母から離されて乳母の手で育てられる子どもも多かった。また親たちは，互いに自分の子どもを徒弟や奉公人として預けあった。しかしそれでも，近世のモラリストたちの目には，親は子どもを甘やかせてダメにしていると映ったのである。

　例えばモンテーニュは，人々が子どもを「自分たちの気晴らしのために」かわいがり，またその「どたばたぶり，遊び，幼稚ないたずら」に興じることを強く非難したとアリエスは言う（『子どもの誕生』）。そこで子どもたちは厳格な規律のある世界，つまり学校に収容され，教師からむち打たれ懲罰を加えられた。近世，教育は家庭から学校に移されたのである。

　両親が子どもとベッドを別にし，子どもが個室に隔離されるようになるのもこの頃からであった。ベッドを別にすることは，聖職者たちも積極的に推奨した。というのも中世，あまりにも多くの子どもたちが圧死を死因として死亡したからである。つまりヨーロッパ世界においても，乳児は人口調節されていたのである。

17世紀になると，財産の譲渡は長男だけに対してではなく，子ども全員に平等に分割されるようになる。平等原則を重視したモラリストたちが，神の前の平等という見地から主張したからである。こうしてヨーロッパでは，17世紀後半から急速に核家族化が進行し，個人が重視されるようになる。このような欧米の思潮を強い国家の源と感じた自由民権運動家たちは，「脱亜入欧」の手段として，子どもに対する厳しいしつけや早期自立が必要であると主張した。この当時すでに，ベンサムやミルたちの経済思想が翻訳されていたが，近代を準備した思想を通じて，個人の自立こそが経済発展につながる道であると認識されたのである。

　そこで自由民権論者も啓蒙思想家たちも，「追いつき追い越す」

ためには欧米の子育てを模倣しなければならないと一斉に主張した。その典型が福沢諭吉である。福沢にとって「独立自尊の本心は百行の源泉」であり，「一身独立して一国独立する」と，個人と国家が一体化して語られる（『福翁百話』，1981）。現代の親子に聞かせたいことばであるが，子どもは家産に依存するべきではないし，成年に達すれば独立の生計を営むべきであり，また親もあれこれ干渉してはならない。何よりも個人の独立・自立が大切であると語る。

そのことの是非はさておき，ようやくこの頃，分割できない存在としての in（否定）＋dividu（分割）＋al（性）を表すものとして個人ということばがつくられ（明治17年），啓蒙思想家や自由民権運動家たちの間に，個の概念が芽生え始めたのである。ちなみに福沢は，society を「人間交際」と訳していた。

しかし現実には，明治・大正，そしておそらく昭和という3つの時代を通じて，個人の価値判断を優先して行動する生き方は日本社会に成立しなかった。では人々の価値観や道徳的規範，つまり行動の基準をつくり出していたものは何だったのであろうか。また親の生活が苦しくて，子どものしつけなど一顧もされなかった下層階級（『日本残酷物語』）では，子どもの社会化は誰がどのように担当したのであろうか。実はそれは「世間」という存在であった。

V 世間と義理

阿部謹也によると，「世間」ということばを最初に使ったのは聖徳太子である。太子は「三経義疏(ぎしょ)」の解釈の中で，人と仏の間には大きな間があるが，その間から抜け出たものが仏であると解

説した。これを出世間というが，そのような聖者の位に達しない凡夫を太子は世間と表現した。

　万葉集でも世間ということばは使われたが，そこには世は常ならずの意味と，世は空であるという2つの意味があったようである。その後，平安時代初期に成立した仏教説話集『日本霊異記』あたりから，因果応報の関係でつながる「この世」という意味合いが，世間ということばに生じてくる。

　鎌倉時代にさしかかると，「世間」の意味は律令時代と逆転した。「ゆく河の流れは絶えずして，しかももとの水にあらず」というのは『方丈記』の冒頭の文章であるが，鴨長明はここに，この世の本質は不変であると言い切る。そうして井原西鶴に至り，「世間」は人間の社会・経済的活動そのものになる（『日本人の歴史意識』）。

　阿部は「世間」の中に個人という考え方はないという。そもそも昔の日本では個人は認識されていなかったし，個人の代わりを果たしてきた世間は客観的な評価システムを持たず，主観的な好き嫌いの感情で動いているともいう。しかし西洋中世史学者の阿部には，なぜ日本人の意識に「世間」という感覚が実体を伴い，個人の代理を務めるかたちで形成されてきたのかの議論が欠けている。そこで，簡単にこれを補っておきたい。

　人々の意識構造がその生態学的環境に規定されることは，すでに第2章で指摘した。その文脈で日本人の意識構造の成り立ちを考える時，棚田から始まった日本の水田稲作農耕がつくり出す「平等性」と「均等性」の感覚が，集合主義的な日本人の心情を理解する時のキーワードになる。

　日本文化は，中国や朝鮮と同じく水田稲作農耕を経済の基礎としながらも，かなり特殊性を持つ。それは，村落共同体に住まう「家」族が，時として鎌倉時代にまでその歴史を遡ることができ

るほどにその地に住みついていたことに由来する。耕作適地が少なく，また，特定地方の住民が根絶やしにされるような大きな戦乱にも巻き込まれなかった日本社会は，住民の移動性が極端に少ないことをひとつの特徴とするのである。

　移動性が少ない時，人々の個性は集団の中に埋没する。アリエスは，中世ヨーロッパでも個人名は，「ある個人を指示するにはあまりに限定性を欠いたものと考えられ，家族名や時として地名で補う必要があった」と述べるが，その理由は人々の移動がなかったからだと指摘する。ところが人々が田舎から都会へ移動を始めると個人が浮き出てくる。それがヨーロッパの16世紀後半である。やがて市民階級が成立する17世紀になると，先に述べたように神の前の平等が意識され，分かつことができない個という感覚が芽生えてくる。そうして産業革命後，資本主義が個と結びついて近代が成立したのである。

　ところが日本では少し事情が違う。確かに日本でも核家族化は，やや遅れたが17世紀末には始まっていた。しかし，700年間にわたって封建制度が続いた結果，江戸や京・大坂といった都市が農村人口を吸い上げたとはいえ，人々の移動は極めて制限されていた。そのことは例えば，箱根を境界線とする東西地域の通婚がほとんど見られなかったことからも明らかである。つまり結婚の多くは，せいぜいが一里以内という狭い地域内で行われてきた。このような日本には，ヨーロッパが中世時代に残してきた合同家族的感覚，つまり「家」が残った。

　明治維新で封建制が打破され，政治・経済システムは近代に移行した。しかし300年続いた徳川時代，移動することなく土地にしばりつけられていた庶民には，共同体の最小単位であり，かつ最も強い結合を示す「家」という感覚が残った。こうして政治・経済の社会システムは近代に移行したものの，日本人は，個に分

断されることなく縁でつながっていた。例えば新政府に仕えて東京に移住した人々も，その多くが菩提寺に墓を残して親類縁者に世話を頼んだし，都市に移住していった人たちも昭和20年代までは，自分や親の出身地と何らかのつながりを持っていた。

　このような縁の日本社会にあって，個人は個人である前にまず「太郎ちゃんのお母さん」であり，「大阪商事の山田課長」であった。つまり独立した人格として評価を受けるのではなく，個人は「家」や組織を代表しており，没個性的に帰属集団を表象する機能を果たしていたのである。こうして縁につながる人々は，井原西鶴の時代から連綿と続く「世間」に生きた。

　縁で結びつけられた日本人にとって，生活単位である家族や各種組織から自分の価値観を分離・独立させることは難しかった。そこで「世間」には「義理」という，義務の交換システムがうまれた。「義理」とは，つまるところ，社会生物学でいう互恵的利他主義なのであるが，昭和20年代までの日本人は，「義理」を「世間」における精神の通貨として流通させていた。

　日本人に形成されたこのような「義理」の感覚を，農村社会学者のきだみのるは"やるからよこせ主義"であると表現する。しかし人間は，公平に互恵的であるほど単純ではない。人より少しだけ得をしたいという気持ちは必ずどこかに残っている。そこできだの表現を借りるなら，人々の"口と腹は別物"になるし，不必要に恨まれるのを避けるために口を慎む。"お嬶ぁが不承知"は言い逃れの万能語であるし，"報復主義"や"政治的見逃し"も人間関係調整機能を発揮する（『にっぽん部落』）。

　そうしてここが一番重要な点なのだが，生まれ育った土地から移動せずに土着してきた日本の農民には，「結い」の労働交換や入会地の共同利用などの社会的慣習を通じて，観念的な価値の等価性がその文化的伝統として獲得されていた。寄付金額に差があ

ったとしても氏子は神社の祭礼において平等であったし，水は田んぼに平等に流れてきた。きだみのるに言わせれば，集団反射と形容できるくらい自動的に処理される義理が，こうして日本の農民の平等主義原則となったのである。

新渡戸稲造も「義理」に関する考察を行っている。新渡戸は，義理は元来義務であったが，それが欠けた場合に実行を命ずる何らかの権威が必要であり，これが「義理」となったという。「義務が重荷と感ぜらるるや否や，ただちに義理が介入して，吾人のそれを避けることを妨げるのである（『武士道』）と，日本人の心理を解説する。

しかしながら，神に対する契約の履行を倫理・道徳とし，一神教の垂直な世界に住んだ欧米人の目には，日本人の「世間」と「義理」の関係がとても奇妙に映った。

『菊と刀』を書いたルース・ベネディクトも，義理の不思議さに注目した一人であった。彼女は，日本人の責務体系には，"仁"と"恩"，"義務"，それに"義理"の4種類があり，他の3つは中国の儒教倫理に端を発するが，義理だけは日本特有のものであると分析した。

義理は最初，婚姻による家族間の契約として発生した。それが鎌倉時代に始まり幕末まで続く，700年にも及ぶ封建時代の間に，主君や同僚から受けた恩を返すシステムになり，義務が公的レベルであるのに対して私的レベルでの忠誠の履行に変わっていった。その典型が赤穂浪士の仇討ちであるが，日本人はここに，公的な義務ではなく私的な義理に殉じ，恩を忠や孝で返した理想的な義理の姿を見つけ出すと分析した。

義理の表現方法は，ベネディクトが指摘したように，階層によって異なっていた。武士階級では義理の不履行は「恥」であり，それは時に死にも値したし，何よりも自尊心に深くかかわってい

た。しかし農民や庶民階級では，義理はもう少し形式的であった。庶民感覚の義理は，「義理とふんどしは欠かせ」なかったり，「義理かやっかいか」であったり，「義理ほどつらいもの」はなかったり，「義理が絡んだ」りするものであった。しかしそれはつまるところ，ある行為に対して誰もが異論をはさめない「和合原則」に従おうとする行動傾向であった。

この時にまったく基準がないと，判断に困る。それを代理的に保証したのが，扇状地や谷間を切り開いた棚田を耕す農民に醸成された公平や公正，平等や均衡といった感覚である。水は平等に流れてくるのであり，長い間人々がそれなりに納得してきたことに大きな間違いはない。こうして義理は集団の慣習となった。やっかいではあるが，これさえ守っておれば誰からも非難されることがない行動基準，それが庶民の「義理」の感覚だったといえよう。

VI 笑われるということ

義理が道徳や倫理基準と同じに機能したからこそ，ルース・ベネディクトが指摘したように，戦前の日本人にとって最大の恥辱は「義理を欠く」ことであった。義理を欠くということは，きだの表現を借りるならば，"先祖が生まれる前から"続いてきた慣習に違反することであり，このような無神経な人とは"危なくって，孫子の代まで一緒に暮らせたものではない"のである。なぜならば義理を欠く行為は，通常は利己的な動機が下敷きとなっており，人類社会の互恵的利他性原則からはずれている。ゆえに縁につながる「世間」はこのような人を軽蔑して"笑った"し，親は笑われるような子どもに育てるまいとしきたりを教えてしつけ

をした。

　人間は社会的動物であり、仲間はずれにされたり他者から嘲笑の的になる時、自尊感情が傷つく。現代社会、例えば電車に乗り合わせる人々は互いに無名であり、無関係であるゆえに笑われることを気にしないが、よく知った狭い社会的関係では、いまだに「世間」は残っている。例えば学校のいじめなどは、笑う対象をつくり出すことから始まる。笑われるというのはつらいことなのである。

　昔の日本で「笑われる」ことがどれほど格好の悪いことなのか、いくつかの例を見てみよう。最初の例は徳川義親の自伝であるが、これを読むと、笑われて恥をかくのは当事者ではなく、背後にある「家」や家族など、本人をつくり出した組織全体であると意識されていたことがわかる。

　旧華族、徳川義親は明治19年に旧越前候松平春獄(しゅんがく)の次男に生まれ、尾張徳川家を継いだ人である。彼は春獄晩年の子どもであったこともあり、父親を5歳で失った。その分、母親のしつけは非常に厳しかったと回想する。それは母親に、「大名の子が、人様に笑われるようであってはならない」という気持ちが強かったからであろうと推測している。親子であっても親子ではなく、「父から預かった子供」という考え方だったというのである。

　食事の作法では、箸の上げ下ろしからお代わりを頼む順番まで決められていたし、家では座布団もあてず膝を崩すことも許されなかった。姉は真夜中に、「寝相が悪い」と枕を持っていかれ、しまいには腰ひもで両足を縛られて寝たともいう。生活も質素で、一汁三菜ならいい方で、牛肉や鶏肉が食膳にのぼったことはなかったという。兄弟間の区別も厳しく、兄（慶民）は殿様、自分は"冷や飯"であり、兄は表玄関から出入りしたが自分は脇玄関からであったと回想している。ともかく、「母は朝から晩ま

で，いや朝から朝まで私たちの教育に一生懸命だった」（『私の履歴書』）のである。

　もう一人，明治21年に生まれ，戦後の片山社会党内閣で文部大臣を務めたあと，新制広島大学の学長を務めた森戸辰男の回想をみてみよう。

　森戸の父親は，剣しか取り柄のない零落した福山藩士族の次男で，貧乏に苦労した。彼は「貧をいやだと思ったことはなかったが，悔しいといった感情を長く持っていた」と記す。父親が鳥刺しで捕った獲物を料理屋に持っていき，金に換えなければならない生活に，「成り上がりの町人に頭を下げる。これでいいのか」と思ったというのである（『私の履歴書』）。これは旧士族としての矜持が言わせたことばであろう。

　同じく法政大学の総長を務めた谷川徹三も，近所に「士族」出の貧しい家があって，そこの当主は何の能もない人だけど，町会議員とか郡会議員などを務めたダンナシュの自分の父親と同じく，一目置かれていたと記している。身分というのは明治・大正時代にはまだずいぶんとものをいったのである。だから人々は自分の身分にふさわしい行動をとろうと考えたし，それは他者の目を常に気にすることでのみ達成された。

　庶民階級でも，それは同じことであった。先に挙げた宮本常一の母親は，正規の学校教育を受けたことがない人であった。彼女は奉公先の「若様」を学校に送り届け，先生が黒板に字を書くのを窓の外から眺めて，平仮名だけはマスターした。明治から大正にかけて，年上のきょうだいが年下の弟妹を学校に連れてきて，子守りの合間に識字教育を受ける子守り学級も各地に開設されたが，宮本の母親のように義務教育システムにも乗らなかった，さらに下の層があったのである。

　しかし宮本の母親は，正規の学校教育こそ受けなかったもの

の，もの笑いの種にならないようにと村の慣習や農作業のやり方，人とのつきあい方などの，いわゆるしきたりを教え込んだ。宮本によれば「世間」から"笑われる"人は仕事に不熱心な人たちであったというが，それは多くの場合，その母親のしつけが悪かったからであり，「嫁をもらうにはその母親を見よ」ということわざが生きていたという。彼はまた，「道はアングリアングリあるくものではない」という母親の教えを振り返り，これは今考えても難しいと述懐する。道を歩いている姿は一番人目につくものであり，そこにその人の精神が現れるというのである。武士道の農民版とでもいえる逸話である。

　母親に教えきれないことは，子ども組や若者組の仲間たちが教えた。約束や決まりの重要性は，「八分(はちぶ)」という仲間はずれで徹底されたし，そこから協調性や妥協の重要性を学んでいった。先に，母親が教育した時代が戦前までの日本であったといったが，加えてそこに地域社会も入れるべきなのだろう。少なくとも昭和20年代までの日本には，地域全体が子どもの社会化にかかわっていく姿勢が残っていた。よその子どもであっても，悪いことやいたずらをする子どもを叱る怖いオジさんが，どこにでもいたのである。

　地域社会に残っていたこのような教育システムは，しかしながら戦後，急速に力を失っていった。昭和30年代に始まる高度経済成長によって人々が都会に吸い寄せられ，あるいは都市が再開発される過程で，下町や長屋にあった濃密な人間関係が消え失せたからである。こうして人々は縁を失い，無名の関係になって接触を持たなくなった（Q&A 15参照）。

　これに拍車をかけたのが，昭和28年に本放送が開始されたテレビであった。日本全国が同時に，同一の情報を共有できるようになったことで，人々は画一的な流行に流され，さまざまなもの

が東京に標準化されていった。祭りや，さまざまな行事を通じてアイデンティティを共有していた地域社会に対する帰属意識も弱まり，集団の凝集力が脆弱化していった。こうして人々は，昭和30年代にはやった「無責任時代」ということば通り，公共的な責任を回避し自己の利益を追求するようになった。

VII 大衆社会化状況とがまん感覚の喪失

　世間や縁が意識されていた時代には，人々は他人から笑われないように心がけた。世間標準から離れないように常に他者を意識し，よきにつけ悪しきにつけ，自分の「分」を守った。それは確かに身分が固定された封建というレジームを経験したことと無縁ではないかも知れないが，日本社会には人間関係を含めて，境界を際だたせる「しきり」が機能していたのである。

　しきりは，天皇を擬似家族の長とする家族国家主義の時代，すなわち昭和20年8月までの日本に明確に存在した。しかし戦後輸入されたアメリカ標準の民主主義はこのしきりを打ち砕き，人々は一気に「平等」になった。ところが平等になったことで，思いもかけない文化的伝統が消えることになった。がまん（堪忍）をする習慣である。

　先にも述べたように，日本人の多くは生まれ育った地域社会からあまり移動をしなかったし，婚姻はせいぜいが一里以内の範囲で，あるいは同じ社会経済階級内で行われた。明治時代まで，いやもっと極端にいうならば50年前までは，地域社会の誰もが子ども時代から見知った関係だったのである。

　今でも学校社会の中で，学年が1年違うことは大きなしきりとして機能しているように，地域社会がゲマインシャフトとしての

まとまりを持っていた時代は、上下長幼に代表される、区切りとしてのしきりが強く意識されていた。親は子どもたちに、例えば先生の言うことは絶対に聞かなければならないといった「世間」のしきりを教えたし、きょうだいや友達からもしきりを学んだ。こうして子どもたちは自然に、自分の「分」や「してはいけない」、逆に「しなければいけない」ルールなどを獲得していった。

　子どもたちには、がまんをすることの重要性が強調された。野放図になりがちな欲求を押さえてがまんをすることは、人々が特定の地域に住み、特定の職業に従事した時代に効果的な、人間関係を維持するための知恵だったからである。

　ところがこのようながまんをする文化は、戦後の大衆社会化状況で一変した。大衆社会化状況とは、誰もが欲しい商品を手に入れることができる大量生産・大量消費の社会であり、マス・コミュニケーションによって情報が瞬時に伝達される現象を指す社会学の用語であるが、人々は長い間夢見てきた、溢れるような物質文化の中に暮らすようになった。しかしそのことは一方で、自らに固有であるはずの価値観やライフスタイルを失い、消費をあおるメディアによって、生き方そのものが画一化されていくことでもあった。こうして人々は自分で考えることを放棄し、日常から思想性が消えていった。大衆社会化状況の功と罪である。

　大衆社会化状況は昭和30年代から始まるが、それは高度経済成長の時代でもあった。お金さえあれば欲しいものが即座に手に入る時代になり、人生の目的はお金を稼ぐことになった。すべての欲望が金銭で満たせるという感覚が蔓延し、がまんは美徳でなくなった。逆に、消費が美徳になったのである。

　人々に消費をあおる上で、テレビが果たした役割は大きかった。テレビが本放送を始めたのは昭和28年であったが、最初3,000台の受像器から始まった放送受信は同33年には300万台を

突破し，次々と開発される新製品を人々の目の前に送り込んだ。こうして，「一億総白痴化」と非難されながらも，ほとんどすべての日本人がテレビに魅了され，テレビは茶の間に鎮座するご神体と化した。

その結果，昭和34年には東京都の小学校高学年と中学生の20％が1日5時間以上テレビを見ていた。これはテレビの本放送開始後，わずか6年後のことであった。テレビ時代の到来とともに，子どもたちは自らのアイデンティティをテレビのヒーローやタレントたちに求め，ご神体は八百万の神々をまき散らしていった。こうして大人も子どもも，一方向の情報伝達システムに慣らされていった（Q&A 13参照）。

「鍵っ子」といわれる，帰宅しても親が出迎えることのない子どもたちも昭和30年代には急増した。しかしともかくも，母親が外に働きに出るようになって所得にゆとりができ，そのゆとり部分は家電製品や自家用車の購入費用に充てられるようになった。このような消費財は人々の生活をますます便利にさせ，関心はもっぱら経済的な面に向けられた。親たちは家族の経済的利益の追求に忙しく，子どもに対するしつけはいつの間にか学校に任せてしまい，小遣いの使い道を監督するくらいがせいぜいであった。

しつけ役割を放棄した親たちに代わって，学校で子どもたちに道徳心を教える試みが昭和33年に始まった。道徳教育の時間である。当たり前のことではあるが，道徳教育といえども学校の勉強であり，行儀やしつけではない。こうして子どもたちは，道徳の何であるかは習ったものの，それを実行する基本，すなわちしつけを受けることなく，「カラスの勝手でしょう」と自由気ままを謳歌した。

道徳教育よりも先に，民主主義教育を受けた子どもたちは，その多くが高度経済成長期に親となった。民主主義は平等主義であ

ると教えられた彼らには（『山びこ学校』），戦前の教育システムや価値観など，過去の社会信念システム全体が間違っているという刷り込みがなされた。しかしながら，「世間」や「分（しきり）」といった伝統的な，行動を参照する枠組みを見失った日本社会は，それに代わる枠組みを見つけたわけではなかった。

そこで，戦後民主主義教育の中で大きくなってきたこの世代の親たちは，心の優しい子どもとか相手の人格を尊重するといった，心情的で曖昧な価値体系に基づいて，子どもの社会化を促進しようとした。

その意図は，70年安保闘争の過程でもろくも崩れ去った。昭和44年には東大の安田講堂事件が起こり，いわゆる過激派学生たちは社会から糾弾を受けて挫折感を深めていった。そうして一部の学生たちは武装闘争へと舵をきり，昭和45（1970）年には「赤軍派」によるよど号ハイジャック事件，46年には京浜安保共闘の浅間山荘事件と，過激派はテロリズムに走った。

このような過激派学生の存在は昭和43年度の代表的CM，「わんぱくでもいい，たくましく育ってほしい」というアウトドア的子育て観を覆し，親たちの関心は子どもの偏差値に集中した。そうしたなか，昭和50年の大学・短大進学率は34.2％と，同世代3人中1人が大学教育を受けるまでになった。わんぱくに，外で遊べなくなった子どもたちは居室に閉じ込められ，"受験戦争"に追いこまれていったのである。

子どもの持つエネルギーをひたすら内向きに，しかも受験という特殊な目的に集中させようとした親たちであるが，これに対する批判や反省の動きも強かった。その結果，文部省の"ゆとり"教育政策が昭和51年に始まり，学習時間が短縮され，空いた時間を課外活動や趣味に振り向けるように指導された。

ところが偏差値で輪切りにされた上位大学に合格するために

は，当時の「四当五落」ということばに象徴されるように，生活時間のほとんどを勉強に振り向けなければならない有り様であった。こうして団塊の世代2世の子どもたちは，ゆとり教育で空いた時間を進学塾での勉強に振り向け，親もこれを経済的に支援するために「モーレツ社員」として働いた。

しかしながら，蹉跌は早く来た。昭和55年は少年非行の戦後第3のピークといわれたが，政治への関心を閉ざされ，高偏差値の大学への進学に関心を集中させられた子どもたちは，親や大人社会に対して公然と反抗し始めた。暴走行為，低年齢化する性非行，薬物乱用，校内暴力やいじめなど，政治を除くありとあらゆる反社会的行動に反抗が具体化され，この年，173万5千人弱の子どもたちが補導された。政治や社会に関心を持つことを禁じられ，また家事や家業を手伝おうにもその対象がなくなってしまった子どもたちは，昭和50年代から漂流を始めたのである。

漂流し，アンカーを持たなかった子どもたちには，外向きの，つまり社会的な道徳観や行為の客観性・公共性といった基準が形成されなかった。いや，形成する機会が与えられなかったという方が正確かも知れない。残ったのは，「人に迷惑をかけなければ何をしてもいい」という行動規範であったが，そこからさらに，「何事も個性の発露なのだから，何をしてもいい」という自己中心主義にまで突き進むのに，さほどの時間は要しなかった。

この時代の子どもたちが大人になった現在，はき違えられた個人主義，つまり勝手原則の"コジン主義"が社会の潮流となっている。がまんをせず，短絡的に欲求に身を任せる生き方が現代人の感覚となっているのである。しかし，現代人の孤立したコジン主義的価値観は，社会普遍的な価値観ではあり得ない。このように行動の価値規範が混乱している現在，では親はどのような生き方を子どもに示せばよいのだろうか。

VIII 来るべき社会の子育て

　最近よく使われることばのひとつに,社会的スキルがある。なかにはこれを社会力と表現する人もいるが,社会における円満な人間関係をつくり上げて,維持する能力を表現することばである。ところがこの能力に,何らかの異変が進行しているのではないかという指摘がなされている。

　社会的スキルの劣化,あるいは脆弱化は,人間関係の希薄化がつくり出した現象である。夫婦や親子関係が希薄化し始めたその原因は,当然のことながら多様である。しかしひとつの要因として,家屋構造の変化がつくり出す親子関係の変質を指摘することができよう。そこで最近の家屋の居室のあり方に焦点を当て,どのような要素が家族の人間関係を変質させていったのか,手短に論じてみたい。

　日本社会において,社会の基本的単位としての個人が確立する前に,戦後の圧倒的なアメリカ文化の影響のもとに始まった生活の洋風化は,当然,日本の家屋設計思想にも影響を与えた。

　コンセプトの変化は,産業復興が急速に進行し始めた昭和30年代に始まった。農村部から都市部へと人々が大量に移動を始めたことで,政府は都市新住民に住宅を供給する必要性に迫られ,住宅公団が各地に勤労者向け団地を建設していった。

　新しく建設された団地の建坪は甲種15.0,甲種市街地は15.5,乙種は14坪でしかなかったが,シリンダー錠の扉を備え,浴室も完備した住居は人々のあこがれの的であった。この,夫婦と子どもそれぞれの寝室,共有の場としてのダイニング・キッチン,すなわち俗に言う2DKは,その後も3DKや3LDKと姿を変えながらも,居室がドアで仕切られる日本の住宅の基本構造となっ

た（「51C」プラン）。

　長屋を別としてそれまでの日本の家屋構造は，馬屋が同じ屋根の下にあったりもするが，近畿地方に特徴的な「田の字」型と呼ばれる造りが基本形であった。各部屋は障子やふすま，板戸などで仕切られるがそれは取り外すことができ，家族は必要に応じて部屋を移動した。

　食事は着座が決められた囲炉裏端で行われたし，納戸（寝間）と呼ばれる部屋で家族全員が枕を並べて川の字型で就寝した。冬は1つのコタツを中心に，十文字に布団が敷かれ，家族の足が互いの足に触れた。子どもたちはきょうだいと，互いの足をけり合って遊んだあと，眠りに落ちた。

　今のように通信が発達しているわけではなかったから，常に誰かが用件をもって家を訪ねてきた。訪問者は用件や親しさに応じて縁側や炉端，あるいは座敷に通され，面談や懇談が行われた。冠婚葬祭もそれぞれの家でなされたし，部落の集会も各家持ち回りで行われた。要するに家族も村人も，それぞれの姿が常に互いの視野に入っていたのである。

　しかしながら，居室がドアで共有スペースから仕切られる2DKタイプが住宅の基本形となったことにより，家族はまず夫婦と子どもが最初に分断された。団地では，親子が同じ部屋で眠る習慣が消えていったのである。

　次に起こった変化は，家族に来客がなくなったことである。玄関のドアは来客を拒絶し，縁側もないので訪問者はドアの外で用件をすますようになった。都市部にはすでにコミュニティという名に値する人間関係はなくなっていたが，こうしてプライバシーという名の下に，どんどんと共有空間が閉じられ，家庭でも地域社会でも個人が孤立していった。

　親子が一緒に寝なくなったことで，生活リズムはそれぞれに独

立することになった。また，客が訪ねてこなくなったことで，子どもたちには大人の社会的関係や会話スキルを学ぶこともなくなった。家族の親密空間に外部から侵入者があるということは，それなりに緊張感を生み，「ハレ（晴）」や「ケ（日常）」を演出したが，そのような緊張もなくなった。

しかしながら，子どもにだけは別の緊張感が求められた。それは18歳まで続く，偏差値を高く維持するための緊張である。親も子も，高い偏差値の大学へ進学することが将来のよい生活につながると信じ，親は勉強の効率を理由に子どもの個室を確保し，子どもたちは勉強することを理由に，個室に閉じこもった。

親はまた，自分の目の前から子どもの姿が消えることを歓迎した。姿を見ないでいることは互いの存在が発生させる軋轢を少なくし，何よりも「勉強しろ」と注意するストレスから解放されるからである。昭和30年代から始まった，家族がそれぞれ個室に隔離されるこのようなライフスタイルは，親子関係そのものの変質につながった。

親子関係の変質は，やはり団塊の世代とともにあった。団塊の世代の結婚適齢期は昭和45年から50年（1970～75年）頃に訪れた。その結果は46年に始まる第2次ベビーブームであるが，当時の日本は奇跡的な経済成長のあとであった。すでに43年には米の過剰在庫が300万トンを上回り，敗戦後の食うや食わずの時代から20年少々で飽食の時代を迎えていたし，昭和49年には政府が，「1世帯1住宅が達成された」と宣言した。国民は豊かな消費生活の真っ直中にいたのである。

その象徴が自家用車である。購入単価が高額な自家用車は消費支出のバロメーターでもあるが，1975年の自動車の普及率は2世帯に1台，1988年には1世帯に1台を超える自動車が家庭に所有されていた。

自家用車が各家庭に入り込んだ結果，団塊の世代の親は子どもを車で運搬するようになった。昔は，抱くか背負うかしかなかった子どもの運搬は，遠距離は車，近距離は乳母車に置き換えられたし，母親が赤ん坊を背負いながら家事をする姿は，この時代を前後に急速に消えていった。また共働き家庭が増加したことで，多くの幼児が保育所に預けられるようになった。

　最近の親子事情や友達事情については第1章で述べたが，子どもたちが保育園や幼稚園でカリキュラムに従って遊びや学びに誘導される時は，異年齢集団（ギャング）が機能しない。きょうだいも少ないし，家に帰れば遊び相手はテレビか親を含む大人という状況におかれた子どもたちは，自我を重ね合わせたり自己を延長したりする身近な異年齢モデルを失ってしまった。

　年長児の行動を参照しながら，目標達成に向けて各種内的ワーキングモデルを試行錯誤的に操作することができる環境が子どもの成長に必要なのであるが，情報が常にテレビから送りつけられ，最近では危険防止の意味合いもあって小学生でも持つ携帯電話にメールが送りつけられる時，子どもたちは容易に情報に操作されてしまう。しかも電話機能ではなくメール機能を利用する時，コミュニケーションには音声すら必要がなくなる。こうして子どもたちは，常に誰かから情報が，一方的に送られてくる受動的環境に慣らされていく。

　このように，顔をつき合わせなくてもコミュニケーションが成り立つ現代社会は，他者との関係を豊かに築き上げ，維持していく人間の力を削ぎ始めた。つまり人類は，互いに共感して信頼を築き，相手を思いやる心や同情を育み，罪の意識や呵責感で人間関係を調整する方法として感情を利用してきたのであるが，顔が見えなくなったことで一方的な解釈が成り立つようになってしまったのである。こうして感情は，包括的に他者とかかわる手段で

はなくなり，もっぱら特定の関係や文脈でのみ情報を運ぶ，個人的手段と化した。

その結果，仮にこれを「人間力」と呼んでおくが，相手の感情を適切に理解し，反応することが難しくなり，非言語的情報解読能力が急速に劣化し始めた。子どもの感情が読めない，あるいは読もうとしない親の増加はその典型であるし，子ども同士のいじめもその典型である。

確かに，人々の物質文化は豊かになった。1戸あたり居住面積も，日本全体で見れば平均120m²を超えているし，田舎では農作業用も含めて一家に3～4台の自家用車も珍しくない。人々はこうした豊かな消費生活を送るために，あるいは壁やドアで仕切られた小さな家屋を購入するために身を粉にして働く。その結果，親子や夫婦の生活に，時間的なすれ違いに代表されるしきりをつくり出してしまった。家族の中に流れる時間が食い違ってきたのである。

それぞれの時間が家の中で並列的に流れ，空間もまたドアを閉ざして並列的に並ぶ時，家族のまとまりに軸がなくなる。そしてそのことが，本来は家族の中で養われる「人間力」を弱いものにしていく。では今，子どもたちをどう育てればよいのであろうか。どうすれば今の子どもたちに，「人間力」を身につけさせることができるのだろうか。

解決策はさほど複雑ではない。親子が，互いにその姿が見える関係に戻ればよい。つまり，個室に分断された居室を共有スペースに戻すだけでいいのである。

結婚して子どもが生まれ，3人家族の時，それぞれの間にしきりはない。子どもが大きくなるにつれ，夫婦の生殖活動が理由で子どもを最初に個室に分離し，次は夫婦の生活時間の違いで個室を分け，それぞれがドアで仕切られた空間に閉じこもっていく。

このような孤立化を防ぐためには，昔のような障子・フスマ・カラカミといった，比較的オープンな道具で空間が仕切られる家屋構造に戻せばいい。そうすれば，イヤでも相手の顔や背中が見えるのである。

アメリカナイズされた現代社会では，個人のなわばり空間は広い。これを急に狭くすることは難しい。そこで家族形成期の最初から，住まいの間仕切りを可能な限り取り外し，お互いが常に顔を合わせている関係を意識的につくり出すことが必要になる。宿題や勉強も，親子が同じ空間で机を並べてそれぞれの作業をすればよい。

3LDKは，昔の寝殿造りのように寝室のみが個室の1LDKに改造し，あとはオープン・スペースにしてしまう。そうすれば，現在50万人とも100万人ともいわれているモラトリアム青年たちの"引きこもり"は，たちどころに解消されるであろう。引きこもる場所がなくなるのだから。

このように，子どもと親が共に育つ環境が今，望まれている。親子が一緒に過ごすことでコミュニケーションが回復し，表情を読み取る力やストレスに耐える力が身につく。なにより人とつきあう「人間力」そのものの基礎トレーニングが，家庭に復活する。「キレ」る子どもに育てないためにはドアを取り外し，居室をオープン・スペース化することが最も効果的なのである。

互いの姿が見える時，親子は同じ空間と時間に存在する。心理的に強く結ばれるし，共感する関係が維持される。このような関係にあって初めて，愛情や信頼，感謝や共感といった，人間関係を彩り豊かにする感情が子どもたちに養われるのである。

■第4章■

子育ての変遷と今日の子育て困難

I　最近の子育て事情

1）本来は楽しいはずの子育て

　子育ての心はたとえて言えば、「ラグビー（楽苦美）」と言い表すことができるのではないだろうか。子育ては手間のかかる「苦労」がある反面、幼い命の成長過程を間近にみる「喜びと楽しさ」もまた格別である。無心に慕ってくる幼い子どもを受け止める時、私たちは人を愛し尽くす喜びを知ることができる。子どもの姿にわが身の幼い日々を重ねて、自分の生い立ちを懐かしく思い出すこともできる。聞き分けのない子どもに苛立つこらえ性のなさに、わが身の弱点や未熟さを痛感させられる一方で、子どもの将来を思う気持ちから、子どもが生きる時代の先行きに思いを馳せることもある。

　こうして、愛する喜びを経験し、懐かしい昔の自分に出会い、時には今の自分自身について新しい発見をしながら、子どもの未来に夢をつなぎ、苦楽を味わう日々は、振り返ってみれば人生の「美しい」時間にほかならない。まさに「楽苦美」（ラグビー）で

ある。またラグビーはチームプレーの競技である。皆で力を合わせて楽しみ，苦労も分かち合って成り立つスポーツの特性は，子育てのあり方においても指針となるであろう。

しかしながら，昨今の子育てをめぐる状況をみると，「楽苦美」とはかけ離れた実態が散見される。急速に少子化が進む一方で，子育てに不安や悩みを抱く親が急増している，子どもたちの間にはいじめや非行の凶悪化，不登校などの現象が指摘されている。親も子も困難に直面している状況が明らかである。

2) 育児のつらさを訴える母親たち
(1) 母親の訴えと子育て支援者の戸惑い

とりわけ母親の悩みや不安は深刻化している。育児中の母親の声に耳を傾けると，異口同音に育児のつらさや悩みを訴える。「子育ては楽しいはずなのに，なぜ私はこの子と一緒にいるとつらくなるのだろうか？」「子どものしつけや教育のしかたがわからなくて，不安でたまらない」「わが子なのに，かわいく思えないことがある」「子育てに追われて，私が私でなくなっていくみたいで虚しい」ということばを口にする。そして一様に「子育てを喜びとできない私は母親失格ではないだろうか」と自分を責めているのである。

母親が育児に喜びを見出せず，わが子を愛せないことがあるなんて信じ難いというのが，少し前までの人々の反応であった。しかしながら，最近は少子化や虐待の急増が深刻な社会問題として取り上げられ，子育て支援の必要性が広く認識されるようになって，母親の悩みを支援しようとする気運が高まっている。子育てに悩む母親を真正面から非難する人は少なくなっている。

ところが，いざ母親に接してみると，「なぜこんなことで悩むのか？」「どうしてこうまで無知なのか？」と嘆き，結局，「今ど

きの母親はどうしようもない」と母親批判に陥る支援者が少なくない。

　子育て支援の必要性を頭では理解していても，母親批判のことばがつい口に出てしまうのはなぜだろうか。それは「母なるもの」を信じ，愛する気持ちが人々の間にあまりにも根強くあるために，子育ての実態がなかなか捉えにくくなっているからではないだろうか。

　これまで日本社会は「女性は生まれながらに育児の適性に恵まれている。子育ては母親の喜びであり，子どもに慈愛と献身を尽くすのが当たり前だ」とする母性観を信じてきた。従来の母性観を信じて疑わない人々にとっては，母親が子育てに悩みや苛立ちを覚えることを虚心坦懐に受け入れることは難しいことであろう。

　しかしながら，心の奥に「本来，母親は育児を喜びとするはずだ」という母性観を秘めた支援は，子育ての実態も母親たちの苦悩も真に理解することができないばかりか，かえって母親を追いつめてしまうことにもなりかねない。

(2) 育児に悩む母親たちの生活実態

　子育てのつらさを口にする母親たちは，けっして子育てを嫌っているわけではない。大半は子育ての大切さを自覚し，子どもを懸命に愛そうとして日々，子育てに励んでいる母親たちである。それにもかかわらず，なぜ子育てをつらく思い，わが子でもうとましく思うことがあると言うのであろうか。

　育児中の母親たちの生活実態を調べてみると，いかに人間的な環境を奪われているかが明らかである。乳飲み子の世話に追われてホッとする時間もままならない。「トイレに一人で入りたい」「たまにはゆっくり湯船に浸かってみたい」「食事の時くらい，椅

子に座って食べたい」と言う。また，乳飲み子を連れた外出は制約も多く，行動範囲も限られて，話し相手にも恵まれない。片言しか話さない子どもと一日，家に閉じこもっていると失語症になりそうで，「日本語らしい会話をしたい」と訴えている。

(3) 専業主婦の母親と働く母親

同じく母親といっても，専業主婦と働いている母親とでは，子育ての負担や悩みも異なる面が少なくない。

専業主婦の母親の多くは，育児を一人で担う心身の負担感に苦しめられている。加えて，社会からシャットアウトされるような寂しさに悩む人が多い。子育てに専念する日々が社会から疎外されるだけではない。子育てが一段落したあとの社会復帰の道が閉ざされていることに愕然とし，焦りと苛立ちを強めざるを得ないと言う。子育てのために数年間，仕事から遠ざかってしまうと，職場への復帰が難しいからである。子育て中の今も，子育てが一段落する将来も，社会の中に自分の居場所がないという思いにとらわれて暮らす日々を「出口の見えないトンネルをさまよっているみたい」と表現する母親もいる。

一方，働いている母親は専業主婦のような孤独感や社会からの疎外感は少ない。しかし，子育てと仕事の両立をこなす綱渡りのような日々に心身ともに疲弊して，時間がない生活を余儀なくされていることでは変わりがない。

さらに，子どもが小さい時に母親が働くことに対する周囲の批判の声は，働く母親をいっそう苦しめている。「子どもにとっては母親の愛情に代わるものはない。子どもは小さい時は，母親は自分の生活を犠牲にしてでも育児に専念すべきである。母親が育児に専念しないで，保育所等に預けると，子どもはさびしさを覚えて，将来的にも心身に悪い影響を及ぼすことが多い」という，

いわゆる「三歳児神話」に悩まされているのである。

「三歳児神話」といっても，幼少期の大切さ，人に愛される経験の重要性を指摘している点は，子どもの発達の基本ともいうべき重要な要素であって，神話として捨て去られるべきものではないであろう。しかしながら，幼少期に注がれるべき愛情を母親の愛に限定して捉え，母親が育児に専念しないと取り返しのつかない影響を子どもに及ぼすとする考え方は，現実的でないばかりか，母親の育児負担を重くし，母親以外の人が子どもとかかわる大切さを忘れさせてきたという点が問題である。「三歳児神話」を乗り越えるためには，子育てをしながら無理なく働けるよう，職場が仕事と家庭生活のバランスに配慮すること，同時に日中，子どもが過ごす保育所の環境を整備することが不可欠である。こうした環境整備を実施して働く親支援につなげることが求められているが，これまではそうした対策を不十分に放置したまま，働く母親の罪悪感ばかりを強めて，心理的に追い詰めるような結果を招いている（Q&A 7参照）。

3）向き合えない夫婦

(1) 夫の育児・家事参加状況

母親たちの悩みはさまざまだが，その背後に共通して認められるのが，夫の無理解と非協力的な態度である。最も身近な存在であるはずの夫が，育児に協力してくれないだけでなく，子どもの養育に追われる日々の労苦や社会からの疎外感に悩む胸中を理解してくれないことが，いっそう母親たちをさいなんでいるのである。

育児に対して夫が協力的でないという実態は，まず男性の家事・育児時間に現れている。子どものいる夫婦家庭の男性の家事・育児時間は，平日の平均が10数分，土日でかろうじて20分

台である。専業主婦の妻が8時間弱，共働きの妻が4時間30分弱に比べて，いかに男性の家庭参加が少ないかが明らかである。日本の男性の家事・育児参加時間がいかに少ないかは，国際比較からも明らかである（次頁図4-1）。また男性の育児休業取得率は，わずか0.33％に過ぎない。こうした統計数値からも，妻が専業主婦か共働きかにかかわりなく，夫の家事・育児協力はほとんど得られていない実態が明らかである。

　日本社会の男性が家事・育児に参加する割合がこのように少ない理由として，まず職場環境の厳しさが指摘される。働く女性が増えたとはいえ，日本の企業社会は依然として「夫は仕事，妻は家庭（または，家庭も仕事も）」という性別役割分業を前提として成り立っている。とりわけここ10数年の不況下で，どの企業も余剰人員を抱える余裕はない。倒産やリストラの恐怖に怯えずに働ける男性の方が，むしろ少数といっても過言ではない。育児介護休業法はあっても現実には取得の申請がしにくい職場が大半なのである。

(2) 父親にも夫にもなれない男性たち

　妻たちもこうした職場環境の厳しさは十分に理解し，特に専業主婦の場合には必ずしも夫に具体的な育児参加を求めようとしない人が少なくない。それでもなお苦しむのは，育児は母親の仕事だとみなす夫の態度である。「育児は母親の喜びのはず」「乳飲み子の世話は母親が最適任だ」という母性観にとらわれて，子育てに孤軍奮闘する妻の労苦を理解しないことが，夫に対する苛立ちとなっているのである。

　育児の悩みやつらさを訴える妻のことばに耳を傾けないばかりか，「しっかりしろ。母親ではないか」と説教する夫が少なくない。育児に協力してくれないばかりか，子育ての大半を一人で背

■図 4-1 育児期にある夫婦の育児，家事および仕事時間の国際比較

[夫]

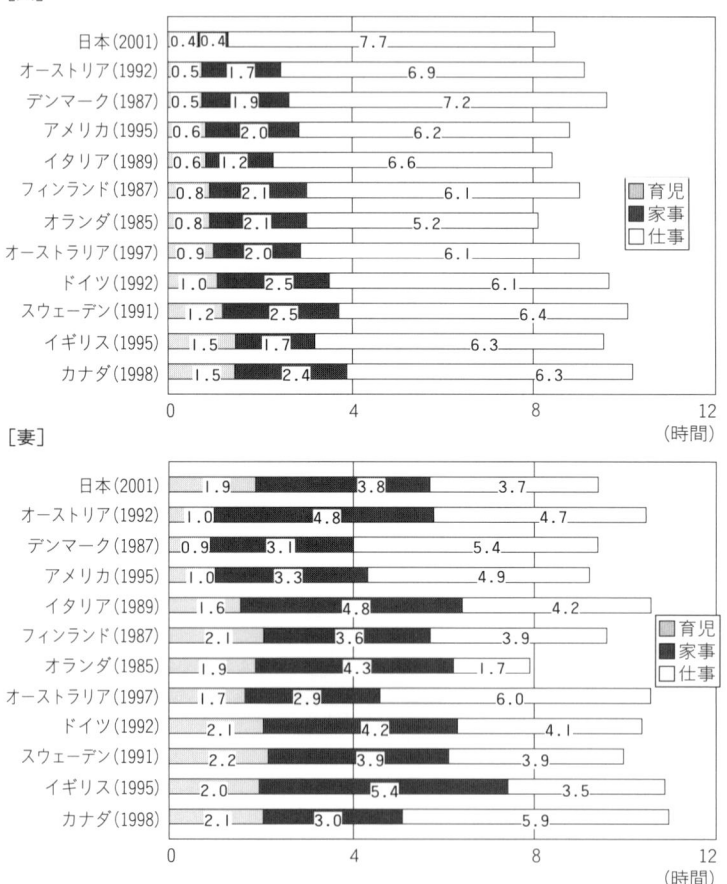

国（年）	育児	家事	仕事
日本 (2001)	0.4	0.4	7.7
オーストリア (1992)	0.5	1.7	6.9
デンマーク (1987)	0.5	1.9	7.2
アメリカ (1995)	0.6	2.0	6.2
イタリア (1989)	0.6	1.2	6.6
フィンランド (1987)	0.8	2.1	6.1
オランダ (1985)	0.8	2.1	5.2
オーストラリア (1997)	0.9	2.0	6.1
ドイツ (1992)	1.0	2.5	6.1
スウェーデン (1991)	1.2	2.5	6.4
イギリス (1995)	1.5	1.7	6.3
カナダ (1998)	1.5	2.4	6.3

[妻]

国（年）	育児	家事	仕事
日本 (2001)	1.9	3.8	3.7
オーストリア (1992)	1.0	4.8	4.7
デンマーク (1987)	0.9	3.1	5.4
アメリカ (1995)	1.0	3.3	4.9
イタリア (1989)	1.6	4.8	4.2
フィンランド (1987)	2.1	3.6	3.9
オランダ (1985)	1.9	4.3	1.7
オーストラリア (1997)	1.7	2.9	6.0
ドイツ (1992)	2.1	4.2	4.1
スウェーデン (1991)	2.2	3.9	3.9
イギリス (1995)	2.0	5.4	3.5
カナダ (1998)	2.1	3.0	5.9

出所：内閣府「国民生活白書」（平成 13 年度）
注 1．OECD "Employment outlook 2001"，総務省「社会生活基本調査」（平成 13 年）から作成。
　2．5 歳未満（日本は 6 歳未満）の子どものいる夫婦の育児，家事労働および稼得労働時間。
　3．妻はフルタイム就業者（日本は有業者）の値，夫は全体の平均値。
　4．「家事」は，日本以外については "Employment outlook 2001" における「その他の無償労働」，日本については「社会生活基本調査」における「家事」，「介護・看護」および「買い物」の合計の値であり，日本以外の仕事は，"Employment outlook 2001" における「稼得労働」の時間。

負う大変さをねぎらうこともなく,「母親は立派に育児ができて当たり前」という母性観をかざす夫に対して,あきらめの境地に陥らざるを得ない。その結果,夫の前では良い妻,優しいママを演じ,たまったストレスのはけ口を幼い子に向けてしまうという事例も増えている。

　仕事か子育てかという二者択一的な生き方を,性別によって強いている現状は,女性にとっては社会からの疎外を意味し,一方,男性にとっては育児や家庭生活からの疎外を意味する。いずれも人としてのトータルな生活を奪い,子育てを通して夫婦の礎を築くことを難しくしていると言えよう。

4) 性別役割分業体制の弊害
(1) 家庭や親の教育力低下を論ずる前に

　いじめや非行の増加,少年による凶悪犯罪が頻発して,子育てをめぐる論議が各方面で活発化している今日であるが,その原因として家庭の教育力や親のあり方を批判する声が増している。

　確かに,「しつけや子育てに自信がない」と答える親は増加している（図4-2）。また,昨今の子どもの育ち方や子育ての実態を調べてみると,家庭のあり方や親の子育てのしかたに問題が少なくないのも一面では事実である。母親たちは子育ての楽しみの面を忘れて,ストレスを溜めている傾向にあることは前述の通りである。なかにはストレスを高じさせて,虐待に近い言動を繰り返してしまう母親もいる。

　しかし,その原因を丹念にたどっていけば,単に家庭や親のあり方を批判して済まされる問題でもないことが明らかである。育児のつらさを訴える母親の声は,育児に翻弄されて,自分の人生を見失わざるを得ない環境に置かれていることを訴えるSOSにほかならない。かたや男性は子どもが生まれても,命が育つ素晴

■図 4-2 「家庭養育上の問題」として「しつけや子育てに自信がない」と
答えた世帯の割合

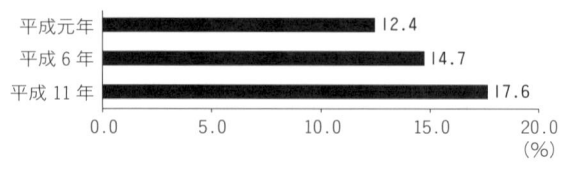

平成元年	12.4
平成 6 年	14.7
平成 11 年	17.6

厚生労働省「平成 11 年度全国家庭児童調査結果の概要」をもとに作成

らしさに触れる機会も持てずに仕事に専念している。子育てや家庭生活の歪みは，「男は仕事，女は家庭（または，家庭も仕事も）」という性別役割分業（新性別役割分業）体制にあって，男女がともに人間らしい生き方を奪われていることを象徴する現象として捉え，対策を講じようとする視点が必要である。

(2) 孤育てからの脱却

今日の子育てをめぐる困難現象を解決するためには，子育ての大半が母親一人に託されている現状の問題点を見なくてはならない。子育ては母親一人が背負うのではなく，父親は無論のこと，地域の多くの人々がかかわり，相互に支え合うシステムが求められている。子どもの有無や性別にかかわりなく，広く人々がそれぞれの立場で子育てを分担する体制が築かれることで，子育てに限らず，働き方や地域活動のあり方も含めて人々の暮らしが豊かなものとなるであろう。同時に子どもが周囲の多くの人々の目に見守られて，豊かな成長が保障されることにつながるであろう。

母親一人の「孤育て」（孤独な子育て）から地域の皆で子どもの成長を見守ろうという考え方は，けっして新しいものではない。むしろ，子育ての歴史を振り返ってみれば，家族や地域が一体となって子育てをしていた実態が明らかであり，今日のように

育児を母親一人に託す子育てのあり方は，むしろ近代以降の慣習に過ぎないのである。

II　子育ての変遷

1）育児は母親だけの仕事ではなかった
（1）昔の母親はもっと大変だった？

　親，とりわけ母親の育児力が低下したことを嘆く人々は，往々にして「昔の母親は今以上に困難な生活状況の中で，一人で立派に子育てをしていた」と言う。確かに，人々の生活環境が衣食住のすべてにわたって，現代とは比べようもないほど厳しい時代があった。しかしながら，後述するように，現在の生活環境が子育てにとって必ずしも快適であるとは言い難い面も少なくない。むしろ，少子社会を迎えて，子育てや教育に寄せられる期待と情報が氾濫する中にあって，かつての時代にはあり得なかった困難な問題も山積しているのではないだろうか。しかも，そうした子育て・教育の大半を母親一人が担うという生活はかつてはなかったことなのである。

　母親が育児に専念する生活を送るのは古来から普遍のことだと主張する人が少なくないが，歴史的に見て事実とは異なる見解である。幼少期の育児を母親が一人で担う習慣や子どもにとってそれが望ましいという考え方は，近代以降に派生したものである。少なくともヨーロッパでは18世紀後半，日本では20世紀前半の大正時代に資本主義が台頭し，あるいは導入された時に提唱された考え方である。

(2) バダンテールが明らかにしたかつての子育て事情

 かつての母親が必ずしも子育てに専念する生活を送っていなかったことは，17，18世紀のパリの子育て事情から明らかにされている。1780年にパリに生まれた赤ちゃんは21,000人であったが，実母の手で育てられた赤ちゃんは1,000人に過ぎなかったという。この実態を記した当時のパリの警察庁長官の報告書によると，雇われた乳母によって育てられた赤ちゃんが1,000人で，残りの赤ちゃんは農村に里子に出されている。こうした現象はパリに限らない。人口が18万から20万のリヨンでも同様の実態が記録されている。毎年6,000人近い赤ちゃんが生まれていたが，実母によって育てられた赤ちゃんは，ここでも1,000人程度で，ほかは乳母の手によって育てられていたことが，リヨンの警察庁長官の報告書にも記されている。

 このようなパリやリヨンの子育ての実態に対して，当時の母親は子どもに対する愛情が欠けていたのではないかと思いたくなるであろう。しかしながら，この実態を明らかにした教育哲学者E.バダンテールは，母親の愛情の有無という観点から当時のヨーロッパの子育てを批判するのは，現在の「母性観」を基準にした見方に過ぎないと，逆に批判している。一部の貴族階級は別として，当時の庶民層の厳しい暮らしぶりや労働の実態を考えると，里子に出す慣習は「愛情」のレベルの問題ではなく，「経済的な事情」に過ぎなかったと言う。零細な家内工業を共稼ぎで営む人々にとって，女性が育児のために仕事を休んだり，他の働き手を雇うことは経済的に叶わなかったからである。里子に出した方が経済的であったという実態からも，いかに里子の養育料が安く設定されていたかということがわかる。子どもは大人の生活を維持していくために，手のかかる厄介な存在だとみなす子ども観が一般的であったことも指摘されている。もっとも，当時であっ

ても，子どもを慈しんだ女性は当然いたであろうが，子育てに専念して献身を尽くす生き方は，必ずしも評価されない時代であったと言う。17，18世紀のフランスの子育て事情は一例に過ぎないが，母親が子育てに専念する生活のあり方が，けっして古来普遍のことではないことを考えさせる事例と言えよう。

(3) 家族・地域一体の子育てをしていた日本

　それでは，かつての日本社会の子育てはどのように行われていたのであろうか。明治，大正から昭和の初期までの農村では女性が育児に専念する生活は必ずしも社会の大勢にはなっていなかったことが，民俗学の資料に明らかにされている。当時の人々の暮らしの大半は農家であり，若い母親は婚家の労働力として田畑を耕し，家事に追われ，育児に専念する時間も限られていたからである。働く若い親に代わって，昼間の育児は主に祖父母が担っていた。子どもたちは村の言い伝えや近隣とのつきあい，生活習慣などを祖父母の背中に揺られながら子守唄代わりに聞かされていたという。また当時は大家族であり，未婚の叔父叔母や年長のきょうだいもいて，親以外の家族に見守られながら，子どもたちは自然に育っていったのである。

　また，地域が一体となって，子どもを見守るための知恵とシステムも整備されていた。例えば，当時の親はあちこちに「仮親」をつくっていた。乳を飲ませてくれる「乳親」はその一例である。生まれた当初は実母の乳を与えるのではなく，その地域で健康で，幸せな暮らしを営んでいる母親を選んで，その人の乳をもらうという慣習があった。実母以外にもう一人の母親を用意するとともに，その家の子どもたちとは乳きょうだいになれるという知恵であろう。そのほか，名前をつけてくれる「名づけ親」，親の厄年の時に生まれた子や体が弱くて，無事に育つかどうか心も

となく思える子を形式的に捨て，運の良い人をあらかじめ依頼して拾ってもらうという「拾い親」もあった。こうした仮親の慣習は，擬制的な親子関係やきょうだい関係を地域の随所につくっておくことで，子どもの成長発達をできるだけ多くの人に見守ってもらい，支えてもらおうとする知恵であったと言えよう。

　子どもが成長するに伴って，地域の中に子どもの居場所を確保する体制はいっそう確かなものとされていた。例えば，村には「子ども組」が置かれ，子どもたちが遊んだり地域の行事の一端を担うなど，子どもの居場所として機能していた。さらに，思春期になると，男子は「若者宿」，女子は「娘宿」にそれぞれの生活の場を移し，先輩や仲間から一人前の男性，女性のあり方などを伝授されていた。

　こうして家族ぐるみ，村ぐるみで子どもの成長を見守り育んでいく仕組みは，生産性の低い村落共同体で暮らす当時の人々の暮らしの智恵であったと思われる。飢饉や病気による死と隣り合わせの生活を余儀なくされていた農民層の人々にとって，家族や地域が一体となって暮らしを守るのが生きていくための術であり，子育てにもそれが自然な形で反映されていたと言えよう。子育ては特別なことではなく，人々の暮らしそのものであったのである。この点は前述のバダンテールの指摘とも一致するところである。

2）母性強調は近代社会の産物

(1) 性別役割分業体制のはじまり

　家族や地域が一体となって行っていた子育ての仕組みに変化がもたらされたのは，大正期半ば以降である。資本主義が導入され，同時に誕生した近代家族は「男は仕事，女は家庭」という性別役割分業体制の下に成り立つ家族であった。性別役割分業を支

える理念として，母親が育児に専念する重要性が強調され，子どもの健全な成長を望むためには母親が子育てに専念しなければならないという母性観が唱えられ始めたのである。

この頃から母親を対象とした育児雑誌が登場し始めるが，育児には母親一人が当たるべきだという主張は，例えば『児童協会時報』にも顕著に表れている。「母性」「偉大なる哉　母の力」「母性愛」「母性訓」などのことばが頻出し，母の愛情が子どもの成長発達にとって，いかに重要であるかが強調されている。とりわけ母親が科学的な知識に基づいて育児に専念することが必要であり，子どもの成長の良し悪しは，ひとえに母親の肩にかかっているという主張が展開されている。

このように母親が一人で，科学的知識に依拠して育児に当たることが子どもの成長発達にとって最善だとする考え方は，一方で子守りの制度を手厳しく批判する論稿を登場させるなど，かつての村落共同体的な子育てを非科学的で無責任な体制として排除する傾向を強めることになる。

しかしながら，大正期に起きた母性強調の影響は，当初は都市部の中産階級など，一部の人々に受け入れられるに留まった。大多数は共稼ぎで働かなければ暮らしていけない庶民層だったからである。

(2) 高度経済成長とともに強化された性別役割分業

母親が育児に専念する暮らしが一般に広く普及したのは，第二次大戦後の高度経済成長期以降である。日本社会は1950年代半ばの朝鮮動乱による軍需景気によって急速な経済成長を遂げたが，重工業主導型であった当時の産業界では女性が働くことはまだ限られていた。仕事はもっぱら男性の領域となり，高度経済成長を支えた男性たちは「企業戦士」と呼ばれ，家庭を顧みる余裕

のまったくない働き方をして,今日の繁栄の基礎を築いたと言えよう。一家の生計を担うべく仕事に専心する夫に代わって,女性たちは「銃後の守り」として家事育児の一切を行うべく,専業主婦となったのである。こうして「男は仕事,女は家庭」という性別役割分業体制が敷かれたが,性別役割分業は当時の社会体制においては一面合理的な形態でもあったと言えよう。

　高度経済成長期以降,農業漁業という第一次産業に従事する人が減少し,大半の男性が雇用労働者として働くようになるにつれて,性別役割分業体制はいっそう推進された。その後,1970年代以降,低成長期に入るが,福祉予算削減の目的もあって,保育所保育よりも家庭育児の重要性が強調され,母親が育児に専念する必要性が強調されて,性別役割分業体制はさらに揺るぎ難いものとなって,今日に至っている。

3) 心理学や小児医学も「母親一人の育児」を強化

　幼少期の育児を母親一人に託す考え方は古来普遍であるという主張があたかも真実のように人々の間に信じられてきたが,歴史を振り返れば,戦後の高度経済成長期以降,今日まで半世紀あまりの歴史を有するに過ぎない。しかも,そこには戦後の日本社会の政治的経済的要請があった。しかしながら,この考え方が人々の間に広く浸透するに当たっては,心理学や医学等の研究が後押しする形で影響を与えてきた面も大きい。具体的には高度経済成長期にはホスピタリズム研究が,低成長期には母子相互作用研究が大きな役割を果たしている。

(1) ホスピタリズム研究の影響

　ホスピタリズムとは「施設病」の訳であり,乳児院や孤児院などの乳児に見られた発達の遅れや異常を指すものであった。20

世紀初頭に発見され，小児科医らの手によって対策が試みられていたが，ホスピタリズムについてWHOから研究を委託されたイギリスの精神医学者J. ボウルビーの報告書（1951）が，乳幼児期の母子関係強調路線に与えた影響は決定的な大きさを持っていたと言えよう。

　ボウルビーは施設の乳児の発達遅滞や異常の原因は「母親の不在」に求められるものであり，マターナル・ディプリベーション（母性的養育の剝奪）ということばで総括したのである。しかしながら，ホスピタリズムの真の原因が母親の不在であったのか，それとも施設の生活環境にあったのかについては，慎重な検討が必要であった。この点については，M. ラターらの研究にみるように母親が子どもの側にいても適切な養育ができない場合には，心理的な母子分離が見られるといった反対資料が提供されるなど，ボウルビーのマターナル・ディプリベーション理論に対して，その功罪を問う動きが欧米では活発に展開されていった。こうしたホスピタリズム研究は，乳幼児が暮らす施設の養育環境のあり方を見直し，愛情豊かな養育の必要性を再確認させるなど，貢献は少なくない。

　問題はこの知見が日本に導入された時の紹介のされ方である。ボウルビー研究の批判的な面が見落とされ，母親不在が乳幼児の発達を阻害するという一面が強調されたのである。「保育園に預けると子どもが自閉症になる」などの誤った説がホスピタリズム研究を引用してまことしやかに流布されたこともあった。しかも，ホスピタリズムの知見がこうした形で導入された時期は，前述の高度経済成長期と符合している点に注意する必要がある。

(2) 母子相互作用研究の影響

　同様の問題が1970年代から1980年代に活発に行われた母子相

互作用研究にも見て取れる。母子相互作用研究とは,母子双方が生来的に持ち合わせている特性が寄与し合って母子の絆を形成するという視点に立った研究である。小児医学や心理学,その近接領域が加わって学際的に行われ,出生後間もない時点の子どもの成長が母子の生理学的特性によって保障されている仕組みが解明されるなど,その成果の意義は大きいものがある。

　しかし,当時の母子相互作用研究の中には研究手法や結果の解釈において母子関係の特性をはじめから過剰なまでに偏重し,結果的に子育てにかかわるそれ以外の多様な要因を視野の外に置いたものも少なくなかった。例えばM. H. クラウスやJ. H. ケネルらによって行われた研究(1976)では,ネズミやヤギの母親行動が分娩後の一定期間のホルモン分泌に規定されていることにヒントを得て,人間も分娩後の3日間,新生児とより濃密な接触を持った母親の方がその後の母性行動が優れているという知見が日本にも紹介され,大きな話題を呼んだのはその一例と言えよう。

　母子関係にとって産後の母児接触が円滑に行われる意義は確かに大きい。しかし同時に夫や周囲のサポート,子どもを育てようとする母親の意志と態度,生まれてきた子どもの個性などのさまざまな要因が複雑に関与して人間の子育ては長期にわたって展開されていくのではないだろうか。こうした諸要因を無視するかのように,分娩後のホルモンの影響力を過大視するのは,この研究を実施したクラウスらにとっても本意ではなかったことであろう。それにもかかわらず発達初期の母子の絆が育児の大半をあたかも決定するかのような論調で紹介された背景には,前述したように,1970年代に入って,日本社会が低成長期を迎え,福祉予算削減という目的が加わったことから,母親役割を強調するという社会的経済的な要請があったことは否めない。

　ホスピタリズム研究も母子相互作用研究も,研究者が意図した

か否かは別として，その時代の経済的政治的要請に応える形で研究結果の一部が誇張して用いられることを示す典型例と言えよう。

　こうした傾向は，今日も形を変えて持続している。脳領域の研究が進む中で，早期の脳発達の重要性を強く主張する研究が注目されている。脳発達の臨界期である8歳までは母親が家にいて子育てを行うべきだとする説も発表されたりしている。なかには早期教育の必要性を脳科学の観点から強調する傾向も出現し，母親たちの育児不安と負担をさらに強めている。脳科学の研究成果に学ぶべきものは多く，今後の発展が期待されるところではある。しかし，同じく小児科医である榊原洋一も指摘しているように「乳幼児といえども1,000億個のニューロンとそれを支える種々の細胞から成り立っている脳は一種の複雑系を形成している」のであって，脳科学のデータをただちに乳幼児教育論に結びつける議論には疑問も多い。

　少子化への懸念が高まる中，女性と育児を結びつけようとする風潮が一部に強まっているが，ホスピタリズム研究や母子相互作用研究の導入時に犯したと同じ過ちを繰り返してはならないのではないだろうか。

4）母性愛神話は今日では機能不全の神話
（１）家族やライフスタイルが多様化する中で

　育児を母親一人に託す子育てのあり方が普及し始めた戦後の高度経済成長期は，女性たちにとってもそれまでの過酷な農業や大家族のしがらみから解放されることを意味していた。狭いながらもマイホームを持ち，核家族の主婦として家事育児の一切を切り盛りする生活は，妻たちのドリームの実現とも言われ，母親役割に専念する生活を女性たちは喜んで受け入れていった時代であ

る。

　その後，女性の高学歴化が進むとともに，家事・育児以外の生活に自らのアイデンティティを求める意識が高まってきた。しかしながら，依然として，性別役割分業体制が強化される中で，母親となった女性たちは，育児に自らのアイデンティティをかけざるを得なくなる。子どもの成長発達を自らの通信簿のように思い，子育てや教育に過熱していく母親を輩出させたのが，70年代であった。ちょうど機を一にして，育児不安や育児ノイローゼの現象が起こってくるのである。

　女性の高学歴化と社会参加の気運はさらに高まり，ライフスタイル志向が多様化している今日にあって，女性たちは結婚や子育ての意義を認めつつも，それだけが女性の幸せではないという意識を強めている。しかし，いざ子どもを産むと，子育てに専念する生活を余儀なくされ，社会からも，夫からも疎外されていく苦悩を深めざるを得ない実態は，前述の通りである。

(2) 社会の変化に対応した子育てのあり方を

　繰り返し述べてきたように，今日の日本社会は子育てに多くの困難が指摘され，子育てや子どもをめぐる現状は深刻な事態に至っている。それと並行して，家庭や親の教育力の低下を批判する声も根強いことは，前述の通りだが，こうした現象の真の原因は，社会の変化にあることを改めて考えておく必要がある。

　家族形態が大家族から核家族へと移行する中で，性別役割分業体制が確立し，育児がもっぱら母親一人に背負わされてきた。しかも，地域が崩壊して，互いに暮らしを支え合うという相互扶助機能も消失して久しい。子どもを産んだ女性は，家庭内でも，地域でも孤立した状況に置かれて育児に励まなくてはならず，その心身の負担はたとえようもなく大きくなっているのである。

さらに，子育てに対する期待もかつてとは比べようもないほど，複雑で高度なものとなっている。かつての多産多死の時代は，子育ての第一義的な目標は健康に育てることであった。将来，家を継ぎ，農業や家業を継ぐ労働力の育成が最大の目的であった。その後，小児医学の進歩もあって，乳幼児の死亡率が極端に減少したことは非常に喜ぶべきことである。しかし，代わって子どもは丈夫に育って当たり前と人々が考える時代となった。さらに高学歴が一般化し，高校卒業以上の進学も当然とされている。しかも，社会変動も大きく，高等教育を身につけたとしても，生涯の生活の安泰を保障するものではなくなっている。早期教育をはじめとして，さまざまな習い事や塾に子どもを通わせ，子どもの能力に付加価値をつけなくてはならないようなプレッシャーが増している。一方，子どもたちの間には，いじめや引きこもり，非行の低年齢化や凶悪化などの問題の発生が頻繁に報じられている。親にとって子育ては経済的にも心理的にも大きな負担を強いられるロスの多いものであると同時に，子どもの将来への不安にもさいなまれるというリスクの大きいものとしての面が増大している点は否めないであろう。

 昔の母親は困難な生活環境に置かれていても，けっして育児に悩まなかったという。確かに，衣食住のすべてにおいて貧しく，家事も電化されていない戦前の暮らしは，今日とは比べようもないほどの困難さがあったことは想像に難くない。そうした生活環境に置かれて，子育てを喜びとし，懸命に子育てに励んだであろうかつての母親に見習うべきものは多いであろう。しかし，かつての子育てには，母親一人が子育ての責務の大半を担い，子育てに託される過剰な期待に押しつぶされるような苦悩は少なかったことであろう。

 こうした今日の子育てが直面している困難を解決していくため

には，仕事も子育ても男女が共に担える社会を実現することであろう。前世紀の最後ともいうべき 1999 年 6 月に男女共同参画社会基本法が成立した。21 世紀は男女が性差を超えて，対等な立場で家庭や職場，社会づくりに参画することが求められている。基本法の理念が目指すところは，女性が母性を理由として育児に閉ざされる生活から解放されることであり，男性は仕事だけの生活から解放される社会の実現にほかならない。そのために私たちが今，なにをなすべきかを考えることが，次章で述べる子育て支援に求められているところでもある。

■第5章■

子育ての共有

I 子育て支援の現状と課題

1) さまざまに動き始めた子育て支援

　子育てをめぐる困難現象が深刻化している今日であるが，一方で子育てをめぐる問題の解決を目指した支援が各方面で活発に動き始めている。まず行政の少子化対策が次々と打ち出されている。すべての子育て家庭を対象として，地域も企業も一体となった支援の必要性が認識され，ようやく着手され始めようとしている。また子育て中の親が子どもを連れて集まって活動する子育てサークルも各地で動き始めている。さらには子育てサークルが相互に連携して，問題の解決に当たろうとする子育てネットワークも誕生し，行政との連携のあり方も研究され始めている。

　"母親一人の孤育て（孤独な子育て）から，皆で支える子育ちへ"という標語が当てはまるかのような動きを見せている最近の子育て支援であるが，本章はそうした動きを概観しつつ，子育て支援とはどうあるべきなのか，その基本的な視点とともに，今後の課題を探っていくこととする。

2）子育て支援の基本的視点

　前章で述べたように，育児中の親はさまざまな困難に直面し，その結果，子どもたちも健やかに育つ環境が保障されていないというゆゆしき実態がある。

　子育て支援は，こうした今日の子育て困難現象の実態を見極め，その原因の解決に当たるという視点に立ってなされるべきであり，とるべき基本的視点は次の3点となるであろう。

　まず第1に，子育て支援は，子どもが安心して健やかに育つ権利と環境の保障（子育ち支援）でなければならない。

　第2に，子どもたちの健やかな成長発達を保障するためにも，親をはじめとして，周囲の大人が日々の暮らしにゆとりを持つことが必要であろう。とりわけ親が子どもとともにあることに喜びを見出し，親として育っていける支援（親育ち支援）が欠かせない。そのためには，従来の性別役割分業を脱し，男女が共に家庭生活も仕事も分かち合えるような社会の構築が求められている。家庭の中で子どもとだけ向き合うような閉塞的状況で育児に孤軍奮闘している母親にとって，一人の人間として自立し，育児中であっても社会参画が可能となる支援が重要であろう。

　第3に，社会全体が親と子を温かく見守り，支援の手を差し伸べることが必要である。親や家庭が直面している問題が複雑化し，解決方法を見出すことが難しい状況にあって，地域の人々が支援力を向上させることで"地域の育児力"の回復を図ることが緊急課題と言えよう。

3）次々と打ち出される支援策

（1）エンゼルプランから次世代育成支援対策法へ

　近年，次々と子育て支援策が打ち出されているが，行政府が積極的に子育て支援に取り組み始めたきっかけは，1990年の1.57

ショックであった。

　女性が生涯で産むと推定される子どもの数の推定値を表す合計特殊出生率は，1947～49年（第一次ベビーブーム）を頂点として，以後，低下傾向にはあったが，当時は人口を維持するために必要な水準（人口置換水準2.08）をほぼ前後していて，特段，問題とされることは少なかった。こうした中，1966年に突如1.58という数値を記録するが，この時はひのえうまにあたり，ひのえうま生まれの女性は夫を殺すという迷信の影響から，女子の誕生を嫌って産み控えが起きたことが原因であった。その翌年の出生率は2.23に回復し，数年後（1971～74）に第二次ベビーブームを迎えている。

　しかしながら，その後は一貫して低下傾向が続き，ついに1989年の出生率が，前述のひのえうまの年の1.58をさらに下回ったことから，少子化に対する不安が一挙に高まることとなったのである（図5-1）。

　この1.57ショック以降，「エンゼルプラン」(1994年)，「新エンゼルプラン」(1999年)，「少子化対策プラスワン」(2002年)，「次世代育成支援対策推進法」と次々に対策が打ち出され，さらに「少子化社会対策基本法」(2003年) が制定され，それに基づいた「少子化社会対策大綱」(2004年) が閣議決定され，さらに新エンゼルプランが「子ども・子育て応援プラン」として策定されている (2004年12月)。

(2) 就労家庭への支援から，すべての子育て家庭への支援へ

　エンゼルプランから次世代育成支援対策推進法へと移行する過程で，子育て支援が就労家庭への支援から，すべての子育て家庭への支援へと展開されていった。

　エンゼルプラン（厚生，文部，労働，建設4大臣の合意）は，

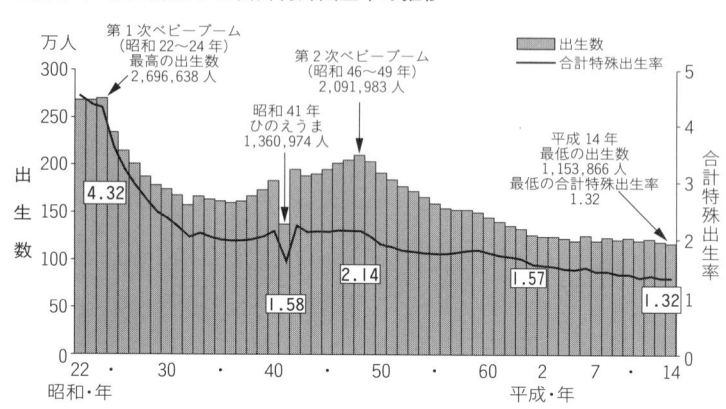

■図5-1　出生数および合計特殊出生率の推移

第1次ベビーブーム（昭和22〜24年）最高の出生数 2,696,638人
第2次ベビーブーム（昭和46〜49年）2,091,983人
昭和41年 ひのえうま 1,360,974人
平成14年 最低の出生数 1,153,866人 最低の合計特殊出生率 1.32

4.32　1.58　2.14　1.57　1.32

出所：厚生労働省「人口動態統計」
合計特殊出生率：15〜49歳までの女子の年齢別出生率を合計したもので，1人の女子が仮にその年次の年齢別出生率で一生の間に産むとした時の子ども数に相当する。

10年計画で子育て支援に取り組む方針が打ち出され，とりわけ働く親への支援に注力していることが特色であった。低年齢児を受け入れる保育所の倍増や延長・休日保育の整備などをうたった「緊急保育対策等5ヵ年事業」が盛り込まれた。就労支援に重点を置いた施策は，「新エンゼルプラン」（エンゼルプランの時の厚生，文部，労働，建設に，大蔵，自治を加えた6大臣の合意）においていっそう強化され，働き方についての固定的な性別役割分業や職場優先の企業風土の是正の項目が新たに追加された。

こうして「エンゼルプラン」「新エンゼルプラン」が仕事と子育ての両立支援に力を注いできたが，少子化は一向に下げ止まらず，進行のスピードを早める中，少子化対策の今一歩の充実策として打ち出されたのが「少子化対策プラスワン」であった。ここ

第5章●子育ての共有——117

■図 5-2　少子化対策プラスワンの基本的考え方

○「夫婦出生力の低下」という新たな現象を踏まえ、少子化の流れを変えるため、少子化対策推進基本方針の下で、もう一段の少子化対策を推進。
○「子育てと仕事の両立支援」が中心であった従前の対策に加え、「男性を含めた働き方の見直し」など4つの柱に沿った対策を総合的かつ計画的に推進。

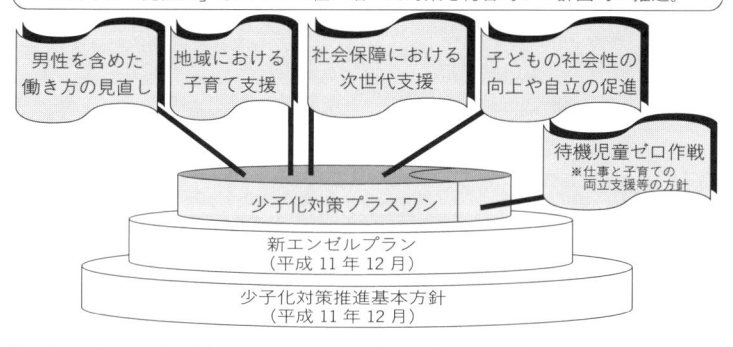

- 男性を含めた働き方の見直し
- 地域における子育て支援
- 社会保障における次世代支援
- 子どもの社会性の向上や自立の促進
- 待機児童ゼロ作戦 ※仕事と子育ての両立支援等の方針

少子化対策プラスワン

新エンゼルプラン
（平成11年12月）

少子化対策推進基本方針
（平成11年12月）

　では、従来の就労支援に加えて、「男性の働き方の見直し」「地域における子育て支援」「社会保障における次世代支援」「子どもの社会性の向上や自立の促進」を柱とした総合的な計画の遂行が打ち出されたことが、特色である（図5-2）。

　このように「少子化対策プラスワン」において、施策が転換された背景には、少子化の要因分析に変化が生じたことがある。それまでは出生率の低下は、晩婚化、未婚化にあるとされていた。したがって、出産時期が遅れているだけであって、結婚すれば2人以上の子どもを産むと考えられてきたのである。しかし、2002年に発表された「日本の将来推計人口」によれば、未婚化、晩婚化に加えて、夫婦の出生力そのものが低下しているという現象が新たに認識されたのである。その原因として、在宅で子育てに専念する母親の育児困難が新たに着目され（図5-3）、従来の就労家庭に偏った支援から、すべての家庭への支援へと施策が大きく

■図5-3 母親の育児困難

子どもを育てながら
「育児の自信がなくなる」と感じることがあるか

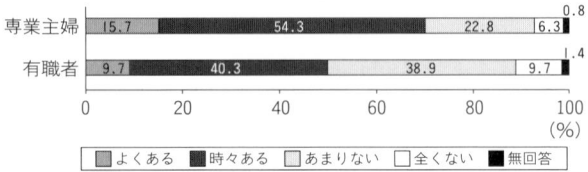

	よくある	時々ある	あまりない	全くない	無回答
専業主婦	15.7	54.3	22.8	6.3	0.8
有職者	9.7	40.3	38.9	9.7	1.4

1．経済企画庁（当時）「平成9年度国民生活選好度調査」をもとに作成
2．「お子さんを育てながら次のように感じることがありますか」という問いについて，「育児の自信がなくなる」に対する回答

転換されることとなったのである。

さらに「少子化対策プラスワン」を実効あるものとして具体化していくために，すべての自治体と301人以上の雇用労働者を抱えるすべての企業に行動計画策定を求めたのが，「次世代育成支援対策推進法」である。

4）今，最も必要な支援とは

(1) 少子化対策の中で見失ってはならないもの

こうして，ここ数年の間に矢継ぎ早に少子化対策が打ち出されているが，出生率は一向に上昇する気配はなく，2003年には1.29まで低下している。急速に進展する少子化が子どもの成長発達や社会経済に及ぼす影響が憂慮され，行政府をはじめ，人々の不安と焦りを強めている。とりわけ少子化が年金問題と関連して論じられる時，人々の不安はいっそう強まり，子どもを産み，育てることに対して過大なまでに価値を置こうとする傾向も一部に登場している。

少子化に対する危機感が，ややもすると「産めよ，増やせよ」

■表5-1　少子化社会への対応を進める際の留意点

第1点	子どもにとっての幸せの視点 子どもの数だけを問題とするのではなく，子どもが心身ともに健やかに育つための支援という観点で取り組むこと。
第2点	産む産まないは個人の選択 子どもを産むか産まないは個人の選択に委ねるべきことであり，子どもを持つ意志のない人，子どもを産みたくても産めない人を心理的に追いつめてはならないこと。
第3点	多様な家庭の形態や生き方に配慮 共働き家庭や片働き家庭，ひとり親家庭など多様な形態の家庭が存在していることや，結婚する，しない，子どもを持つ持たないなどといった多様な生き方があり，これらを尊重すること。

出所：「少子化社会を考える懇談会」中間とりまとめ（2002年9月）より抜粋

という論調に陥りかねない傾向が危惧される昨今であるが，少子化社会への対応を進める際に忘れてはならないのは，「産む自由，産まない自由」をはじめとして，一人ひとりのライフスタイルの自由を尊重する視点である。

「少子化社会を考える懇談会」(2002年)は，少子化への対応を進める際の留意点として，次の3点を指摘している。

第1に，「子どもにとっての幸せの視点を重視すること」。第2に「産む産まないは個人の選択であること」。第3に「多様な家庭の形態や生き方に配慮すること」の3点である。詳細は表5-1の通りである。個人の生き方や価値観を尊重する視点を見失って，少子化対策を加速するようなことがあったとしても，出生率の上昇を期待することはできないばかりか，真に子どもの健やかな成長を保障し得ないことが考えられなくてはならないであろう。

(2) 具体的に取り組むべき課題：少子化社会対策大綱が示唆するもの

それでは，具体的に取り組むべき課題とは何であろうか。「少子化社会対策大綱」では，少子化の流れを変えるための重点課題として，次の4点が設定されている。すなわち，①「若者の自立とたくましい子どもの育ち」，②「仕事と家庭の両立支援と働き方の見直し」，③「生命の大切さ，家庭の役割等についての理解」，④「子育ての新たな支え合いと連帯」の4つである。

前章で述べたように，働く女性が育児と仕事の両立に苦しみ，一方で男性が仕事に専心して家庭生活を省みることができない実態を変えることは，エンゼルプラン以降，少子化対策の基本であり，いっそうの充実が求められている。一方，社会からの疎外感に焦りと孤独感を強めている専業主婦への支援も必要であり，再就職支援や育児をしながら働くことを可能とする取り組みのいっそうの推進が求められていると言えよう。

また，育児不安や育児ストレスが急増している原因として，在宅で育児に専念する母親の心身の負担が看過し得ないほど強まっていることは，前章で述べた通りである。さらに核家族が一般的となり，小さい子どもと触れ合う機会を持たないまま大人になった世代が親になっている。親が子育ての知識と態度を学び，子どもとともにある暮らしに喜びを見出せるような支援が求められている。楽しく親子で集える子育てひろば，気軽に子育ての相談ができ，必要に応じて専門的な相談に応じる体制，虐待を早期に発見し，対応するなどの支援が，すべての子育て家庭を対象にして，それぞれの地域に整備される必要がある。

こうしてみると，少子化社会対策大綱の中で掲げられている4つの重点課題のうち，第2の「仕事と家庭の両立支援と働き方の見直し」と第4の「子育ての新たな支え合いと連帯」が何よりも

最優先とされる課題であると言えよう。地域が子育てを契機に，支え・支えられる関係を築き，親や子が，さらにその支援者が，支え・支えられる関係を築きながら，生き生きと暮らせる社会が実現される時，若者たちは自身の人生や社会の将来に対して夢と期待を持って自立して生きていこうとする力を持てることであろう。それが結果的に命を育む喜びや家庭の役割等を理解する道につながることであろう。

II 諸外国の事例に学ぶ

「仕事と家庭の両立支援と働き方の見直し」と「子育ての新たな支え合いと連帯」を具体的に実践している諸外国の先進事例を紹介しよう。

1) 制度が男性の意識を変えた：ノルウェーのパパ・クォータ
(1) 愛ある強制

日本の男性が育児休業を取得する割合は極めて低い（0.33％）ことは前述の通りだが，ノルウェーでは男性の育児休業取得率は9割前後に及んでいる。これは男性が育児に参加する機会を半ば強制的に割り当てて，男性の育児参加を促進した「パパ・クォータ制度」がもたらした結果である。

パパ・クォータ（Father Quota）とは，父親だけがとれる育児休暇を意味する。ノルウェーでは以前から育児休暇は産前の3週間を含めて42週間は給料が100％保障され，49週間取得する場合には，給料の80％が保障されて，男女のどちらも取得できる制度として存在していた。しかし，それでも父親が取得する率が非常に少なかったという。日本と同様に，男性にはキャリア上昇

志向のプレッシャーが強くあったという事情が影響していたと言われている。こうした事態の改善を目的として1993年から実施されたのが、父親だけが取得できる1か月間の育児休業制度、すなわちパパ・クォータ制度（育児休暇をパパに割り当てる制度）である。育児休暇が割り当てられるようになって、ほとんどの男性が育児休暇を取得するようになったところ、育児休暇は父親の「責任」とか「義務」ではなく、「黄金の機会」（Golden Opportunity）と考えられるようになったという。

　育児休業取得をきっかけとして育児に積極的に参加するようになって、ノルウェーの男性たちは、育児は男性の権利であり、喜びであると捉えるようになっている。半ば強制された制度ではあったとしても、それは育児の喜びを共有しようという「愛ある強制」であったと言えよう。法制度が人々の意識を変えたひとつの好例である。

(2) 日本でもパパ・クォータ導入

　日本でも、このパパ・クォータを採用した企業や自治体も出現している。ある企業が実施した期間は5日間であるが、土日を前後にはさむと、最大9日間連続して休暇の取得が可能となるという。小さな一歩ではあるが、こうした取り組みが徐々に始められていることが期待されよう。

　301人以上の雇用労働者を抱えるすべての企業が、次世代育成支援のための行動計画策定を求められていることは、前述の通りである。家庭生活と仕事とのバランスに配慮して、男女が共に働きながら子育てが可能となる仕組みをいかに創設していくかは、働く側に必要とされているだけではない。子育てから得られるヒントや柔軟な発想を職場にも導入し、商品開発につなげる利点もある。また家庭生活と仕事をバランスよくこなす優秀な人材の確

保にもつながるであろう。少子社会にあって労働力不足という問題にも程なく直面するであろう企業にとって，子育て支援は企業の生き残りのためにも不可欠の課題と言えよう。

2) 新しい働き方の提案：オランダのワーク・シェアリング

　男女で働き，共に家事や子育て，介護も実践しようという男女共同参画社会の理念を実現した先進例として，オランダの「1.5稼働モデル」がある。

　「1.5稼働モデル」とはいわゆるパートタイム制度を促進することによって，ワーク・シェアリング（労働の分かち合い）を行ったものであるが，それによって雇用機会が増えて失業が減り，さらに共働き化によって世帯収入が1.0から1.5へと増えている。

　オランダはかつて，少子化と失業，不景気という課題を抱えていたが，この3つがほぼ同時期に解消されて，ダッチ・ミラクル（オランダの奇跡）とよばれて世界的に注目を集めている。ミラクルをもたらしたものが，ワーク・シェアリングの実践であった。

　ワーク・シェアリングを可能とした背景として，オランダの労働時間が①フルタイム労働（週36〜39時間/週休2日），②大パートタイム労働（週30〜32時間/週休3日），③ハーフタイム労働（週20時間程度）の3つに区分されていることがある。人々は自分のライフスタイルの変化や生き方によって，この3つの働き方から自由に選択し，働き方を変化させることができるという。子どもが小さい時は育児に時間をより多く使えるように，また親の介護が必要等の状況に応じて，働き方を変えることが可能である。

　もっとも，ワーク・シェアリングは単にパートタイム制度の普及に過ぎないとなると雇用不安を増加させるという危険性をもた

らすであろう。ここで注目されるのは，時間給賃金，社会保険，諸手当，年金，昇進などの雇用条件に関しては，フルタイムとパートタイムの間で一切差をつけずに，同等にしている点である。

　こうした処置が講じられる背景には，政府，企業，労働組合の三者の合意があり，労働時間差による差別の撤廃を目標に掲げてきた経緯がある。

　「1.5稼働モデル」が導入されて，オランダの人々の間では，共働きでも1足す1が2になることを求めるのではなく，夫または妻のどちらかがフルタイム（1）で働き，一方がパートタイム（0.5）になる場合や，ふたりがパートタイムで0.75と0.75であわせて1.5となる働き方を選択する人が増えているという。夫婦がフルタイムで働くことと比較すれば当然，減収にはなるが，それを補って余りある人間らしい家庭生活をオランダの人々は選んだということであろう。

　かつて，オランダも日本と同様に，子育ては母親がすべきだという考え方が根強く，現在でも子どもは家庭で育てるべきという考え方は広く支持されているという。しかし，男女が共に子育てに当たる必要性を国政レベルで模索している。それが結果的に女性の雇用促進や経済発展につながっていったと言えよう。特に家庭生活と仕事の両立が女性だけではなく男性の課題として追求されており，男性にも人間らしい働き方と家庭生活が保障されていることは，日本社会も大いに参考となる点であろう。

3）女性の社会参画を促すニュージーランドの子育て支援

　地域の皆で子育てを支え合うことによって，親自身も育てられるという，「子育ち」「親育ち」支援を実践し，さらにそれを女性の社会参加につなげている先進例として，ニュージーランドのプレイセンターがある。

プレイセンターは，親が子どもと遊びながら親として育つ可能性をプログラム化して実践しているニュージーランド独自の保育機関である。現在，ニュージーランド全国に500か所あまり設置されており，0～5歳児約16,000人が利用していて，幼稚園や保育センターと並んで，ニュージーランドでは主要な乳幼児保育機関として重要な地位を占めている。

プレイセンターの基本的な理念は，「遊びこそ子どもの仕事」であり，同時に「子どもにとって最初の，そして，最も重要な教育者は親である（Parent as a first teacher）」という考え方である。1940年代末のG. ソマーセットによる *I Play and I Grow* がひとつの契機となって運動が展開され，今日まで60年近い歴史を持つに至っている。

このように子育てにおいて親が果たす役割を重視しながら，子育てを同時に親を育てる重要性に結びつけているプレイセンターの活動は，換言すれば「家族が共に成長する」（Families growing together）という信念に基づいていると言えよう。

親の活動の内容は，プレイセンターの施設管理と運営に従事すると同時に，保育活動にも実際にかかわることになっている。プレイセンターに集う親は，自分の子，よその子の区別をすることなく子どもたちと遊び，互いに他の親の子育てを学び合うのが特徴である。日本にも類似の場として，親子が集えるひろばが増えているが，「自分の子の面倒は親がみる」ことを原則としているところも少なくないことと対照的と言えよう。大人たちは子どもたちの遊びの自然な流れに沿って，適宜，声をかけたり，遊具の準備をしたり，自由に動いている。

親が広い視点で子どもたちを見守るようなかかわり方ができるのは，プレイセンター連盟が長年かかって考案した綿密なプログラムがあるからである。しかも，プレイセンターで一定期間の研

修を積むと，教員養成カレッジ卒業生と同等の保育者資格が取得することも可能になっている。

　ニュージーランドでも，日本と同様に育児不安に悩む親は少なくないという。しかし，プレイセンターで，地域の親と協力してセンターの運営を分かち合い，子育てについて学び合う中で，親としての自信を深めていく。一方，子どもたちはセンターで，同年齢，異年齢の仲間と遊ぶことができる。親にとっても子どもにとっても得るところの多い活動であるが，こうした活動で得た知識や技術を活かして，プレイセンターのチューターとして仕事ができるような仕組みが考慮されているところが素晴らしいと言えよう。子育て中も社会から隔離されることなく，子育てが一段落した時は，それまでの経験を活かして社会的活動をすることを可能とするプレイセンターの実践は，日本でも専業主婦に対する支援として参考となるものであろう。

III 子育て支援の今後の課題：改めて子育て支援に必要な視点とは

1）子育て支援は親育ち支援

　以上は諸外国において取り組まれている子育て支援の先進例の一部であるが，今後の子育て支援のあり方に貴重な道標となるものを示していると言えよう。

　まず子育て支援はけっして女性と子どもだけを対象として行われるべきものではないということである。ノルウェーのパパ・クォータ，オランダのワーク・シェアリングの事例に示されているように，働き方の見直しを含めて男性も重要な子育て支援対象とされなくてはならない。企業の理解と積極的な関与が求められて

いるのである。

　また，子育て支援は親のニーズに一方的に応えるだけでなく，親が親として育っていくための支援に注力される必要がある。ニュージーランドのプレイセンターで行われていた親育て支援，なかでも女性の社会参加支援のあり方は，これまでの日本の子育て支援にはない視点を示すものとして貴重である。

2) 市民と行政，地域が一体となった取り組みを
(1) 当事者の親も活発な活動を開始

　このように，子育て支援は直接的には親と家庭が対象とされるが，本当に必要な支援が届けられるためには，市民と行政，地域が一体となった取り組みが不可欠である。

　冒頭で述べたように，昨今，日本においてもさまざまに子育て支援の活動が行われ始めている。孤独な育児に悩み，苦しんできた母親たちが，ただ悩んでいるだけではなく，仲間を集い，子育てを楽しく分かち合おうと，活動し始めている（育児サークル）。育児真っ最中の母親だけでなく，子育てが一段落した先輩ママたちがリーダーとなっている活動も少なくない。子育て支援活動をNPO法人化する動きも活発化している（Q&A 2，9，14参照）。

　こうした民間レベルの活動は，当事者や地域の実情に即した支援を行うことで，親子に与える影響も好ましいものが多い。例えば子育てサークル活動の実態を調べた調査によると，親は子どものことがよくわかるようになると同時に，親同士のつきあいにも自信を持ち，子どもも他の子どもと遊べるようになるなど，親子ともどもプラスの影響があることが認められている（図5-4）。

(2) 財政的支援

　こうした民間の子育て支援活動がさらに実績を上げていくため

■図5-4 サークル加入による親子の変化

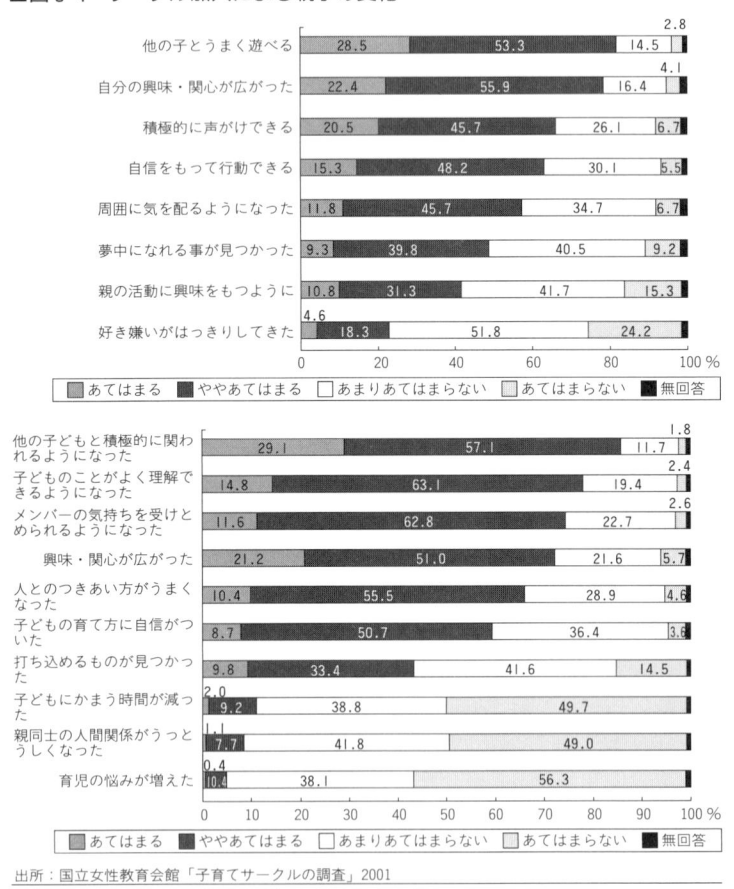

子どもの変化

項目	あてはまる	ややあてはまる	あまりあてはまらない	あてはまらない	無回答
他の子とうまく遊べる	28.5	53.3	14.5		2.8
自分の興味・関心が広がった	22.4	55.9	16.4		4.1
積極的に声がけできる	20.5	45.7	26.1	6.7	
自信をもって行動できる	15.3	48.2	30.1	5.5	
周囲に気を配るようになった	11.8	45.7	34.7	6.7	
夢中になれる事が見つかった	9.3	39.8	40.5	9.2	
親の活動に興味をもつように	10.8	31.3	41.7	15.3	
好き嫌いがはっきりしてきた	4.6	18.3	51.8	24.2	

親の変化

項目	あてはまる	ややあてはまる	あまりあてはまらない	あてはまらない	無回答
他の子どもと積極的に関われるようになった	29.1	57.1	11.7		1.8
子どものことがよく理解できるようになった	14.8	63.1	19.4		2.4
メンバーの気持ちを受けとめられるようになった	11.6	62.8	22.7		2.6
興味・関心が広がった	21.2	51.0	21.6	5.7	
人とのつきあい方がうまくなった	10.4	55.5	28.9	4.6	
子どもの育て方に自信がついた	8.7	50.7	36.4	3.6	
打ち込めるものが見つかった	9.8	33.4	41.6	14.5	
子どもにかまう時間が減った	9.2	38.8	49.7		2.0
親同士の人間関係がうっとうしくなった	7.7	41.8	49.0		1.1
育児の悩みが増えた	10.4	38.1	56.3		0.4

出所：国立女性教育会館「子育てサークルの調査」2001

には，いくつかの課題も少なくない。最も大きな課題は財政的な問題である。活動場所の確保に始まり，支援者の人件費にも苦慮しているところが少なくない。近年，行政は，子育て支援にNPOをはじめとした民間の活力を導入しようとする動きを強め

ている。行政と民間の連携は今後の必須課題と言えよう。行政にない視点でフットワーク軽く活動できる民間団体の利点を活かした連携は，是非とも推進されるべきであろう。しかしながら，往々にして財源削減を目的とした民間活力の導入を試みる自治体が少なくないのが実態であり，支援者の負担がかさむ中で，活動の発展を阻んでいる事例も散見される。

　この点について，前述のニュージーランドにおける子育て支援は，財政支援の観点からも示唆に富むものである。なぜなら，就学前教育ならびに保育への財政支出は次の4つの公的利益をもたらすという発想で財源確保が行われているからである。すなわち，①教育的利益（恵まれない生育環境下にいる子どもに教育的・社会的利益をもたらす），②労働市場的利益（保育職を確保し，再雇用機会の増大につながる），③福祉的利益（子どもには安全な環境を，保育者には雇用を，そして，親には子育てに対する理解と役割を学ぶ機会を提供するなど），④言語文化的利益（各コミュニティ独自の言語や文化の伝承に寄与する），の4点である。幼児教育・保育の充実を通した「多文化との共存」と「女性の社会参加支援」，「親を育てる支援」が財政支出の根拠としても認められており，子育て支援活動を社会に定着させる原動力になっているのである。

3) 子育て支援が女性を育児に閉じ込めてはならない

　今後，子育て支援が展開されるに当たって留意すべき点は，繰り返し述べるが，子育て支援に女性の社会参加の視点を持つことである。しかしながら，昨今の子育て支援の中には，母親が家から一歩，外に出ることを促せたとしても，相変わらず母親と子どもだけが集う場所で一日の大半を過ごさせるような支援が少なくない。家の中の母子カプセルから，地域の中の母子カプセルに移

動しただけの支援は，社会からの疎外感に苦しむ母親にとって，真の支援とはなり得ない点も，反省されなくてはならないであろう。地域に子育てひろばなどの場所が整備されて，かえって父親や男性の育児参加を遠ざけているという実態もある。

4）支援者の専門性を育む

最後に，子育て支援がさらに進み，親子に必要な支援が届けられるようになるためには，地域の支援者の支援力の向上が必要である。

親のライフスタイルや価値観が多様化し，家族が抱える問題も複雑になっている。親が自己中心的になって，小さい子どもの生活に配慮を欠いていたり，子連れで深夜までカラオケに興じたり，子どもはうっとうしいだけと言って安易に子どもを預けようとする母親も一部に増えている。離婚やDVなどの家族問題も少なくない。親が子育てに必要な知識や態度を身につけて，親として育っていけるような支援とともに，家族全体を支援する力が求められるケースも増えていて，支援者の専門性が必要な時代となっている。

もっとも専門性といっても，必ずしも従来の乳幼児教育や保育の専門職の能力を意味しているわけではない。むしろ，親の心を理解し，親育てを支援する地域の支援者として求められる要素である。具体的には①乳幼児保育の知識や技術，②親のニーズの背後にある個別の事情を把握し，理解する力，③子どもにとって望ましくない言動については，「親としてのあり方」を助言する見識，④アドバイスが親の心に届くためのカウンセリングマインド，⑤自分ができる支援とできない支援を見極めて，必要に応じて専門機関に託す分別，⑥地域の支援者間のネットワークに参加して連携を保つ能力である。

こうした支援力を養成するための講座と実践の場がそれぞれの地域の実情に応じて企画されることが必要であろう。子育てが一段落した母親，定年後の男女が，それぞれの子育て経験や職業経験で培った能力を，再び地域の子育て支援者として発揮するシステムづくりが展開されていくことが，真の意味で地域の育児力の回復，向上となるであろう。また，仕事と子育てのバランスを保った働き方ができるような雇用環境の整備は，今後の企業に求められている大きな課題である。地域の子育て支援者養成などの企画に人事担当者をはじめ社員が参画するなどを社員研修の一部として取り入れるようになれば，企業関係者の子育て理解が深まるとともに，育児を通した企業の新たな社会貢献ともなるであろう。

　母親一人が育児に専念することが子どもにとって最善としてきた従来の母性観から解放され，社会の皆が親の子育てを支援する体制づくりに向けて，今，ようやくその時を迎えているのである。

■第6章■

子どもの保育環境

I 少子・高齢化社会と幼・保の改革

1）国が笛を吹けど少子化は止まらない

　前章で述べられたように少子化対策として政府は，1997年度から始まった幼稚園での「預かり保育」に加えて，これまでの延長保育や学童保育，一時預かり保育や病児保育などの拡充を図った。また，ボランティアやNPOによるファミリーサポート事業を実施し，2001年には規制緩和措置として，学校法人，株式会社にも保育所設置を認め，「子育て支援」「少子化対策」の事業として公認をした。

　さらに，2002年に「新総合少子化対策」の取りまとめを指示した小泉首相やそれを受けた坂口厚生労働相も，「日本民族が滅亡してしまう」と憂国の情をあらわにし，「社会連帯による子どもと子育て家庭の育成・自立支援」を基本理念とする，新たな「次世代育成システム」の構築を策定している。

　しかし，貧困と人口爆発をかかえる発展途上国とは異なり，現代日本に進行している少子化現象は人々が選択した結果であり，

これを間違っていると批判することは難しい。家庭生活や子育てに夢を持ち，安心して子どもを産み育てることのできる社会ではないと判断した結果が，子どもを産まなくなった社会なのである。

2）幼稚園・保育所，そして「総合施設」（仮称）の創設

前述の「1.57ショック」，つまり生物学的数値として突きつけられた少子化現象は，経済システムに対して突きつけられた問題だけではなく，社会保障システムを含むさまざまな制度，もっといえば戦後日本のすべての社会システムに対して根底からの見直しを迫るものと言える。

それは戦後半世紀以上にわたって構築されてきたシステムが単に時代に合わなくなったとする，いわゆる「制度疲労」ということではすまされない問題であるが，直近に解決が要求される問題としては，子どもを実際に預かる幼稚園と保育所を含めての制度の見直しと再構築である。具体的には，従来の幼・保別の施設ではない，「総合施設」の創設である。

日本では明治以来，就学前の幼児教育を担当する幼稚園と，主に労働者層の家庭の乳幼児を預かる保育所（託児所）とが別々の機能を持つ機関として併設されてきた。幼保二元化であるが，そのシステムには社会経済的な階層区別が直接的に反映されていたのである。

もちろん同じ年齢層の子どもたちを対象とするわけであるから，戦前から区別をなくして「一元化」されるべきであるという主張はなされていた。戦後になってからも，教育の機会均等を保障する学校教育法の教育権と，児童福祉法の生存権を統一的に保障すべきであるとして，幼・保一元論が浮き沈みし，一時期はそれが戦後教育改革の目玉的な存在でもあった。

しかし量的に見ると昭和20年代は約1割の子どもたちがそれ

ぞれの施設に就園していたという状況でしかなく，文部省管轄の幼稚園と厚生省管轄の保育所は，戦後一貫してその社会的機能の違いが強調され，「二元化」維持が国の政策の基本路線として今に至っている。そうして2001年には，省庁の再編で文部省は文部科学省，厚生省は厚生労働省に改組されたが，幼・保の管轄区分は微動だにしなかった。とはいえ，「1.57ショック」によって，数々の規制に縛られていた幼・保組織の改革がようやく動き始めたのである。

　例えば国は，「経済財政運営と構造改革に関する基本方針2003」（骨太の方針第3弾）を2003年に出し，厚生労働省は子育てと仕事の両立を支援するため，保育所と幼稚園の機能を一体化した新型「総合施設」を，2006年に創設することを明らかにした。

　この新型総合施設では現行制度，つまり幼・保の壁を取り払い，保育所は1日当り8時間，幼稚園は4時間を標準としている保育時間について所轄官庁の枠組みを超え，施設側が複数のメニューをつくり，親がその中から自由に選べるように設定し，受け入れる児童の年齢層も施設が自由に決められるようにするというものである。これによって「保育を必要とする児童，つまり待機児童」問題が解決され，また，小学生を対象とした「学童保育」のサービスも実施可能になる。さらに，新施設の運営主体には制限をつけずに株式会社の参入も可能にし，子どもを抱える親を対象にした子育て相談やカウンセリングなどのサービスも総合施設で行う。こうして0歳児から大人までの「子育て総合支援施設化」を目指すことになったのである。

　この「総合施設」設置が決定された背景には，幼稚園そして過疎地帯の保育所に定員割れがみられ，経営的な合理性が求められていることや，待機児童解消の観点から幼稚園の有効活用が求め

■図6-1 保育所,幼稚園と「総合施設」の比較

保育所	幼稚園	総合施設

▼対象児童

0歳～就学前	3歳～就学前	0歳～就学前

▼保育時間(入所方法)

1日8時間が標準(市町村と親の契約)	1日4時間が標準(幼稚園と親の契約)	施設が提供する複数メニューから親が選択(施設と親の契約)

▼運営主体(根拠法)

制限なし(児童福祉法)	学校法人が原則(学校教育法)	制限なし(新法制定も視野)

▼職員の資格

保育士	幼稚園教諭	双方の資格

出所:『日本経済新聞』(2004.1.13)

られていることが大きい。利用者側から見た場合,幼・保施設はなぜ同じ乳幼児施設なのに異なる施設として活用されるのかという疑問もある。また,幅広い年齢の子どもたちと同じ場所で遊ばせたいとの願いもあり,総合型施設が設置されることの教育効果は大きいとみられている。

　以上のような国が打ち出す施策に対して,保育関係者,保育研究者からは,子ども不在の「幼保一元化」であり,経済効率優先政策から生じたものであるから,子どもに最善の保障をする政策への転換を求める「アピール」も出されるなど,危惧の声も小さくない。しかし,権限の中央から地方への委譲や公設から民間へという水の流れを変えることはできないとみられている。

3）「総合施設」への試み：ろりぽっぷ邑(むら)の例

　1999年の春に私は、「学校法人北山学園」（仙台市若林区沖野）幼稚園の園長に就任した。就任当時は定員280名のところに園児が140名という、極端な定員割れの状況であった。そこで理事会を開き、主に3歳未満児を対象に園舎の一部を改造した認可外保育施設を開設した。また、地名の沖野幼稚園を改称して、オーストラリアや埼玉県にある姉妹幼稚園の名前、「ろりぽっぷ幼稚園」と同じ名称をつけ、地域の理解を得、行政への届けもして、活動していくことにした。（「ろりぽっぷ」とは英語でペロペロキャンディのことで、幼い子がキャンディを口にくわえている姿をシンボライズした。）

　こうしたささやかな改革にも、教職員や保護者から、「赤ちゃんがいたのでは、園の子どもの遊びが制約される」「幼稚園のイメージが壊される」「園行事はどうするのか」など意見も出された。しかし話し合いの場を設けて了解を得、実行に移した。

　私は1990年代に、「もう1つの保育施設：幼保一元化の実践に向けて」をテーマにした小さな研究会に参加していたが、図らずも実践の場を得たことで現実を直視する必要性に迫られた。そこで今の保育に欠けた視点を充足し、「保育を必要とする」子どもの状況に対応すべく、すべての子どものために多様で柔軟な養育および保育システムをどう創り出すか、理想と現実への挑戦の場を与えられたのである。

　認可保育所は定員に枠があり、「待てない需要」には応えられない。一方、認可外保育所は需要にすぐさま応えることができる。しかも長い歴史を持つ私立幼稚園は、子どもの保育・教育を通して家庭教育を支援するノウハウを蓄積してきている。そこで既設の園にこそ私立幼稚園の新しい役割があると考え、従来の「教育」に加えて「養護」を視座に置いた「保育サービス」を展

開することを考えた。幼稚園はすでにさまざまな設備が整った公的な教育サポート機関であり、その立場を有効に利用することで新しい活路が開かれると考えてのことであった。

　2001年に国は、認可保育所設置の規制緩和措置として、学校法人や株式会社でも保育所運営を行うことを認めた。そこで早速、2002年4月から、それまでの4年間の認可外保育所の経験を生かし、認可保育所を学園の敷地内に開設することにした。また、2001年から卒園児の保護者からの要望もあって、小学1年から4年生までの子どもを学校終了後50名ほど預かり、施設を活用して「学童保育」を実施してきたこともあり、学園の定款・園則や理念にも「地域の子育て教育センター」の意味づけをもたせ、いよいよ本格的に展開することにした。

　確かにかつて国が、「保育に欠ける乳幼児がいない社会」を目指したこともあった。しかしそれは、男は仕事、女は家庭という男女の役割分担を強調し、働く母親に「家庭へ帰れ」という風潮から生まれたものであって、真の共パートナー的発想から生まれたものではなかった。また、年金受給などで専業主婦が得をする優遇政策も実施されていた。この過去と現在をどう評価すべきか、いまだ結論らしきことを述べるのは時期尚早であるが、幼稚園の存在が保育所を「必要悪」とする時代思潮に裏打ちされていたことは事実である。また、幼稚園は、働く賃金が十分に保証されたよき時代の代物であったとも言える。

　現在、年功序列賃金制度と終身雇用システムが音を立てて崩壊しつつある。このような経済状況の中で教育と保育を区分することは、労働力としての親を男女共に、労働の主体に位置づけようとする経済の論理に組み込まれた政策であることは事実である。そこで真に子どもの養育を重視した施設を、どのように構築すべきか、現場は新たな課題を背負うことになった。

ところで規制が緩和されたといっても二元行政の中で，運営費などに公金が投入されることもあって，特に保育部門の事務の煩雑さは大変である。とはいっても，同じ園内で学ぶのは子ども同士であり，君は保育園児，私は幼稚園児という区別が子どもにあるわけはなく，保護者にとっても垣根は要らない。こうして幼稚園と保育所，学童保育が1つになり，幼稚園140名，保育所60名，学童30名が共同で過ごす施設が誕生した。私たちはこれを「邑」と呼び，コミュニティと一体化した幼保一元組織を創設したのである。

「邑（むら）」という呼び名であるが，建築環境学を専門とされる高橋鷹志氏（東大名誉教授）が名付け親である。氏は，「邑（ユウ）」はみやこ・まち・むらを指すが，会意として「口は都邑の外郭，城壁をめぐらしている形，巴は人の跪居（ききょ）するさま」と解説され，「今日の状況を思うと，必要なのはある地域の「口」ではなく，「○」としての地域である」という考えであった。そこで和洋折衷ではあるが，「ろりぽっぷ邑」という一風見変わった名前の総合型施設がスタートしたのである。

この「ろりぽっぷ邑」では幼稚園部門を「太陽館」，保育所部門を「満月館」，学童保育部門を「地球組」と名付けた。それぞれの「邑」の主人公（子ども）たちが，お互いに宇宙に存在し合って生きていることを実感するようにとの思いからである。なぜならば，互いは太陽系のように関係性でつながっている。誰が欠けても関係性は壊れるのであり，互いを尊重しながら自己実現を目指してほしいとの思いを込めたのである。

「邑（むら）」を「大きな家」と捉え，小さな家（ファミリー）との二人三脚で子どもの育ちにかかわる環境をつくっていくという邑の思いについては，保護者からアンケートなども寄せてもらったが，おおむね好評をいただいた。目下，新しく生まれつつある第3の総合型施設

に向けて試行錯誤の最中である。しかし現実には，役所からの補助金等々のしがらみもあり，園の施設は書類上，幼稚園と保育所として，二元行政のルールに準じての運営を余儀なくされている現実に変わりはない。

II 指導計画（カリキュラム）の基となる幼稚園教育要領と保育所保育指針の改善

1) カリキュラムの改善は保育実践から

昭和39年3月，文部省は幼稚園教育要領を改訂し，学校教育法施行規則の一部改正を行い，「告示」として公示した（図6-2）。そして，教育課程の基としてのこの幼稚園教育要領は，「保育所の持つ機能のうち，教育に関するものは，幼稚園教育要領に準ずることが望ましい」として，「幼稚園と保育所の関係について」文部省，厚生省の局長名による共同通達として関係者に公表された。この共同通達は，昭和40年に厚生省が発表した「保育所保育指針」に少なからず影響を与えた。

この「告示」された内容に基づいて，各園では「指導計画」を作成することになったが，「6領域に示す事項を組織し，幼稚園における望ましい幼児の経験や活動を選択し配列して……」との文言にあるように，保育者が計画したプランを幼児に実行させるというニュアンスが強く，自主性や自発性を重んじた保育を考える保育者からは，指導計画を不要とする意見も出された。

その後，平成元年3月に公表された「改定幼稚園教育要領」には，幼児が自ら環境にかかわり，主体的に活動をするための環境整備と，それを援助するための計画作成が提言された。つまり，保育者主体ではない幼児主体の指導内容に改められ，学校教育で

■図 6-2 幼稚園教育内容の変遷

年次	内容	それぞれの特徴
明治32年6月 「幼稚園保育及設備規程」(省令)	1. 遊戯　3. 談話 2. 唱歌　4. 手技	＊保育4項目 「手技」は「恩物」を意味する
大正15年4月 「幼稚園令」(勅令)	1. 遊戯　4. 談話 2. 唱歌　5. 手技 3. 観察　　等	＊「観察」及び「等」が加わる， ＊保育5項目
昭和23年3月 「保育要領」(刊行)	1. 見学　　8. 製作 2. リズム　9. 自然観察 3. 休息　10. ごっこ遊び 4. 自由遊び　　劇遊び 5. 音楽　　　人形芝居 6. お話　11. 健康保育 7. 絵画　12. 年中行事	＊楽しい幼児の経験 ＊幼稚園・保育所・家庭における幼児教育の手引きとして刊行 ＊昭和25年12月9日省令改正により教育課程の基準とする
昭和31年2月 「幼稚園教育要領」(刊行)	1. 健康　4. 言語 2. 社会　5. 絵画製作 3. 自然　6. 音楽リズム	＊6領域 ＊「望ましい経験」を示した ＊小学校教育との一貫性 ＊目標を具体化し指導計画作成の上に役立つようにした
昭和39年3月 「幼稚園教育要領」(告示) ※保育所の4，5歳児については「教育要領に準ずるものとする」(保育所保育指針)	1. 健康　4. 言語 2. 社会　5. 絵画製作 3. 自然　6. 音楽リズム	＊幼稚園修了までの指導における「望ましいねらい」の事項として示した。 ＊事項を組織し，望ましい経験や活動を選択配列して教育課程を編成
平成元年3月 「幼稚園教育要領」(告示)	健康：心身の健康に関する領域 人間関係：人とのかかわりに関する領域 環境：身近な環境とのかかわりに関する領域 言葉：言語の獲得に関する領域 表現：感性と表現に関する領域	＊「ねらい」は幼稚園修了までに育つことが期待される心情・意欲・態度であり，内容はねらいを達成するための事項である ＊5領域は幼児の発達側面から示した
平成10年12月 「幼稚園教育要領」(告示) 12年度4月から実施	平成元年に同じ	＊「生きる力」自ら学び自ら考える力の育成 ＊特色ある幼稚園づくり（子育て支援／預かり保育） ＊自我の芽生え，自己を抑制する気持ちの育成 ＊教師の役割（計画と子どもの活動に柔軟に沿う）

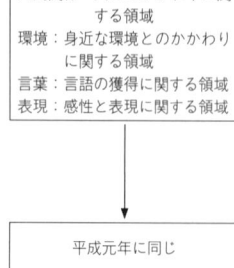

示す「教科」的イメージの6領域から，幼児の発達援助に主眼を置いた5領域に再編され，保育者主体から子ども主体にカリキュラムが変更された。平成10年に再度改定が行われたが，そこに盛られた主旨は，「生きる力」を育み，自ら学び，自ら考える力の育成を強調するものであった。また，少子化が進行する中で，子育て支援策として地域の幼児教育のセンターとしての役割を幼稚園に求めるものでもあった。つまり，「預かり保育」の実施，家庭および専門機関との連携，障害のある幼児の指導などを一体化し，園を柔軟に運営していくことが求められた（Q&A 6参照）。

　以上のように紆余曲折はあったものの，幼稚園教育要領，保育所保育指針において，子どもにかかわる者として共通に理解しておくべき保育内容や指導上の配慮事項などが示された。以下は示された教育要領，保育指針を参考にして，教育課程，保育計画編成の手順，編成上の重点を幼保統一的に捉え，表現を試みたものである。具体的にカリキュラム（指導計画）を作成する場合，実態に即したものでなければならないことは言うまでもない。とはいえ，総論と各論，長期と短期の計画の整合性を考え，各園では独自の計画を作成し，日々の実践を通して改善していくことは当然と言えよう。

2) 幼・保の保育内容の統一をどう図るか

　日本の幼稚園は，就学前の教育機関として位置づけられ，学校をモデルとしてきた。つまり教室があり，クラス担任の先生がいて幼児用の机と椅子，黒板があって，「手はおひざ，お口はチャック」といって，先生の話を聞かせるということになじんできた。また，保育所には，幼稚園と似て非なるところ，つまり，託児，子守りのイメージがあり，安全第一主義で母親代わりをする

という，ある種，育児文化の違いが感じられた。しかし最近は，親の要求の共通項ともいえる英語，絵画，ピアノ，体操・プールといった，教科ではないにしても目玉的な指導を行う園が幼・保共に増加しており，就学前教育も盛んに行われている。こうした早期教育の風潮は，ルソー，ペスタロッチ，フレーベルらによって，近代教育思想の洗礼を受けた欧米では見られない現象である。つまり日本の幼児教育は，鞭(むち)をふりふりチィパッパの「スズメの学校」が原イメージであり，だれが生徒か先生か……，の「メダカの学校」のイメージが排除されてきたのである。「教」という文字には軽く打つという意味が内包されているが，教えることが重視され，遊ぶことが軽視されてきたのが日本の幼児教育なのである。

　幼稚園も保育所も，いまだにこのような教えることが重視される，逆にいえば学ぶことが強調される，日本の幼児教育の伝統に縛られ続けている。こうして先に述べたように，幼稚園のみならず保育所も，ますます就学前教育を重視する機関と化しつつある。このことの是非は，再度慎重に検討されるべき課題であると考える。

　こうした状況の中で，文部科学省は平成13年3月，「幼児教育振興プログラム」を公表し，「チーム保育の導入，実践のための条件整備の推進」を図るよう指導した。1学級に複数の保育者を配置し，固定化した学級集団を解体することで，従来の画一的な教育がつくり出していた子どもの均質化，同質化から，それぞれの個性を伸ばす教育への転換を期待してのことである。これをくみ取って，協同・協働関係による保育の相乗効果を考える園の管理者が増え，少人数クラスの子どもを複眼で見るシステムの導入を実施したり試みる園が生まれてきている。

　文科省が幼稚園改革を進める意図には，「満3歳から随時受け

入れる」「預かり保育」への対応を考えてのことと推察するが，小学校教育を小型化した教育システムに慣らされてきた保育者は，途中からの受け入れやタテワリの預かり保育に戸惑うことになり，子どもたちを無理なく受け入れるために地区や園内での研修を余儀なくさせられもした。

　このことに加えて，保育所と幼稚園施設が一体的に運営されることにより，さまざまな矛盾を受け入れざるを得ないことになった。例えば乳児保育や延長保育に当たる保育者のローテーション，園の行事，園外保育，園庭での交流，園生活の流れ（長時間，短時間）などがそれぞれに異なるのである。そこで1つの施設内で2つ，あるいは学童保育を含めると3つという子どもたちの生活時間の流れをどのように計画し創造するか，解決されなければならない問題は数多く積み残されている。共通的な部分と違いを明確にして，地域の子どもの発達をどのように保障するか，保育者集団にとっての新しい課題への挑戦である。

　当然，カリキュラムの作成や研修も共同で行う。それぞれの資格を養成する教育機関では指導を受けてこなかった，新しいシステムやカリキュラムの創造が求められることになる。こうした急速な保育環境の変化に対して，保育内容をどのように対応し，再度構築するかが今問われている。戦後，幼稚園・保育所・家庭における幼児教育の手引きとして刊行された「保育要領」の振り出しに戻り，何を考え実行していくのか，その総合性が今要求されていると言えよう。

　新たな課題もある。異年齢集団の遊びの場としての「学童保育」は，子どもたちの生活の場であるとともに教育の場でもある。しかし両者を併合した内容を創ることは可能である。単に「かぎっ子を養護する場」とは考えず，子どもたちが放課後に喜んで，「ただいま」と言って帰ってくる，そういう安心感と安全

に過ごせる環境を整えてやる力が求められているのである。また，子どもたちが施設にいる時間を通して，学力や創造性を身につけ，感動し共感できる豊かな感情力の涵養，運動能力や体力づくり，子ども社会の中での必要な資質の体得や能力を引き出していくことも，カリキュラム次第では可能である。学童保育では学校で教えることの少ない，人間関係形成と維持のためのスキルを，個別的かつ適切な指導助言を通して育てることが可能なのである。これを具体的に指導するためには，学校教育について知悉している指導者が望ましい。教員免許を持っている人や退職した教員は，その潜在的な候補者である。

かつて，小児科医の松田道雄氏は，「学童保育は保育所で行うのが最適である」と提言され，関西では実践されてもいた。しかし，日本の学童保育への対応は，実際にこれを行ってみると，はなはだ遅れていることを痛感せざるを得ない。行政も巻き込んだ今後の課題であろう。

3)「大きな家」(幼・保) と多様な保育形態の創造

幼稚園の保育対象となる幼児は，「1学級の幼児数は35人以下を原則とする」と示され，「学級は，学年の初めの日の前日において，同じ年齢にある幼児で編制する」と規定されている。ところが保育所に入所してくる乳幼児は，0歳から6歳までおり，幼稚園の満3歳からと違い，年齢の幅が大きい。また，「保育に欠ける」という入所条件ではあるが，年齢別に入所定員を決めるわけにはいかない。しかも幼稚園にしろ保育園にしろ，少子化の結果として学級編制の上で不安定な状態が続いており，異年齢の乳幼児たちでクラスを編制して保育を行わざるを得ない現実が日常化してくることは目に見えている。

そこで，保育形態の多様化と新たな教育効果を生み出すシステ

ムを創ることになる。前述のチーム保育ではないが，私の保育から，私たちの保育という，保育者自らが意識を切り替えることが必要なのである。自分の都合で子どもを保育し，また教育するのではなく，子どもの視線で保育や教育を捉える目が必要であるということでもある。学級のワクに閉ざされた壁を開き，すべての子どもたちの活動を仲間との相互交流，つまり今，多くの子どもたちに欠けている人間関係をどうつくり上げるかという社会的スキル獲得に求め，指導していく姿勢が保育や教育の実践者に求められていると言えよう。

　鈴木とく氏（日本保育学会名誉会員）は，「幼・保の違いは園における生活時間が長いか短いかだけである。保育の仕事は人間学だから，子どもや人間に興味ない人はダメ」と語られた。興味さえあれば相手から学ぶことができる。それは対象が子どもであっても大人であっても同じことである。子どもから学ぶ，自発的な姿勢が保育者に問われていると言えよう。

　いずれにしても，保育形態や保育方法は今後ますます多様化する。現実に，「混合保育」や「たてわり保育」，障害児と健常児の「統合保育」はすでに実践されている。

　保育者がある目的をもって異年齢の乳幼児の集団やクラスを編制する混合保育を「たてわり保育」という。クラスの枠を意図的にはずして，自由に混合し合って活動する保育形態を「クラス解体保育」という。こうした意図的な保育は，年長児が年少児に向けるやさしさや責任感，年長者としての自信や指導性などの心情や態度を育て，年少児には年長児と交わり遊ぶことを通して生活習慣の自立を促し，言語や知識を豊かにし，運動能力を伸ばすなどの長所を育成していくことにつながる。クラスの壁を壊すことで初めて，年齢相応の充実感や満足感などを得ることができるのである。

しかも保育者が放任していると，子どもたちの中で力関係の序列が固定し，場合によっては無気力やあきらめが出来上がったり，経験が広がらないといわれる反面，子どもによっては，仲間，集団の選択の多面性が生まれ，相手に自分の気持ちを伝えることで，共に育つメリットを体験することにもなる。

こうした保育形態は，意図的にカリキュラムに位置づけて実践するのとは違って，初めから混合クラス，たてわりクラスしか編制できない状況の中では非常に効果的であると言えよう。しかも，施設に対する規制緩和の中で，今後ますます増加するであろう長時間保育と短時間保育の子どもたちを幼・保一体的なカリキュラムで育てていくことにより，互いを思いやる教育効果が期待できる。現場や研究者に課せられた課題は大きい。今行われている試行錯誤はいずれ，教育要領や保育指針に取り入れられるのであろうが，現場人の知恵を生かしてそれに向けた保育内容が再構築されることを期待したい。

子どもにとって最大の環境は保育者であり，それも保育者の量ではない。いよいよ保育に質が求められる時代が到来したといえよう。

III 気になる子どもの行動とその背景

1)「気になる」子どもたち

今，教育の現場では，子どもの心の育ちをめぐる問題がクローズアップされている。小中学校のいじめ，不登校，少年犯罪はもとより，子どもたちのちょっと「気になる」行動が目立つようになったのだ。

授業中に席を立って教室を歩き回る，先生の話を聴かずにおし

ゃべりする,何回注意しても危険な行為を繰り返す,人のものを断りなしに黙って使う,ちょっと注意しただけで帰ってしまう,気に入らないことがあるとすぐに暴力を振るう,などの声が教育関係者から聞かれるようになった。

このような傾向は,はじめは小学校 5,6 年生に見られる現象として取り上げられてきたが,近年ますます低年齢化が進み,小学校入学当初から見られるようになったという。この実情は「小 1 プロブレム」として紙面でも取り上げられた。

　ちょっと変だぞ　小学一年生
　「このごろの小学一年生は落ち着きがない」「どうも様子が変だ」。教育関係者の間から,こんな声がもれてくる。授業中でも堂々と遊びをする子,気に入らないと友達に平気で暴力をふるう子。度を過ぎた一年生のわがまま行動に問題を感じ,対処法の研究を始めた教師グループさえある。この"小 1 プロブレム(問題)"は,小学校への不適応症状との見方もあるが,果たしてその実情は。

　　　　　　　　　　(「日本経済新聞」夕刊,1997 年 10 月 8 日)

ここでは,算数の時間に「今はお絵かきがしたい」と言い張る子どもなどが紹介されている。1 人が許されると,他の子どもたちも算数をやめてしまい,クラスが乱れ始める。そこでやはり算数をさせようと少しきつく言うと,教室を飛び出す。その子どもを追いかけて連れ戻すうちに,クラスは騒然となる。

この「小 1 プロブレム」の原因として,1989 年に「幼稚園教育要領」,1990 年に「保育所保育指針」を大幅に改定したことが槍玉に挙げられた時もあった。例えば保育所では,お絵かきの時間,お昼寝の時間など,一日のスケジュールが決められていた以前の保育とは異なり,保育指針の改定後は,子どもの主体性を尊

重した自由な保育がなされるようになった。そのような環境に育った子どもたちが規則的な生活を求められる小学校に進んだ結果，環境に適応できなくなっているのだという。

「自己チュー児」ということばが使われ始めたのもこの頃だ。小学校低学年のうちから超自己中心的な子どもが増え，授業が成り立たなくなっているという。

《どうする，あなたなら》自己チュー児
　　——この親にしてこの子あり
　「超自己中心的な児童が多すぎて，今，小学校は大変なんですよ」。こんな話を教育関係者から聞いたので，小学校をいくつか回ってみました。確かに，授業中にじっと先生の話を聞くことができずに，勝手に歩き回る児童がたくさんいて，まともに授業ができない小学一年生のクラスが多いのに驚かされました。この数年で目立ってひどくなっているそうです。先生たちに，匿名を条件に思いのたけを聞いたところ，「あの親にしてこの子」「親がひどすぎる」という話がとめどなく出てくるのにはビックリしました。(「朝日新聞」1998年6月10日)

ここでも，個性重視の幼稚園教育要領の改訂による影響が指摘されているが，果たして本当に，教育要領や保育指針の改定による「自由保育」の推進が原因なのだろうか。「自由保育」はただ単に「自由な」保育でも「放任」の保育でもないはずだ。

しかし，ついにこのような子どもたちの問題行動は幼児期にまで及び，幼稚園から「学級崩壊」が起こっている，とまでいわれるようになった。幼稚園で「学級」という表現が正しいかどうかはともかくとして，自分の感情をコントロールできない，相手の感情を理解できない，相手の行動からその意図を読み取ることができない，自分の行動が相手の行動や感情にどのような影響を与

えるかを推測できない、というように、他者とのコミュニケーションにつまずきを持つ子どもが増え、なおかつ低年齢化していることを示している。すべての子どもが、というわけではないが、「気になる」子どもは確かに増えているのだ。

一般的には、このような子どもたちにまつわる問題を考える時、「キレる子ども」「自己チュー児」「問題児」というような表現が使われ、子どもの行動に関する問題点を子どもたち自身の特性の中に見出そうとする傾向がある。しかしここでは、子どもだけの問題に留めず、子どもを取り巻く現代の環境が持つ特徴を手がかりに、生態学的な視点からこれらの問題について考えたい。子どもたちの行動を単純な因果関係で説明し、理解したつもりになろうというわけではないが、このような子どもたちの異変の背景には、現代の家庭や地域社会の環境が急激に変化したことが関係しているのではないかと思われるのである(**Q&A 15, 16 参照**)。

「問題」そのものが子ども自身の中にあるのではなく、子どもたちと、子どもたちを取り巻く物理的・社会的環境との「やりとり（コミュニケーション）」のありかたにこそ問題点があり、それが私たち大人には「気になる」ものに映ってしまうのだ。

「最近の子どもは」「近頃の親は」というだけでは、問題は解決しない。私たちがいわゆる「問題児」を「気になる子ども」と表現するのは、この方がより建設的に問題への対応策を見出せるからである。

神戸市で中学生による児童連続殺傷事件が起こった翌年の1998年、中央教育審議会答申では、幼児期からの「心の教育」のあり方が取り上げられ、「生きる力」の育成がうたわれた。「生きる力」とは、「自分で課題をみつけ、自ら学び、自ら考え、主体的に判断し、行動し、よりよく問題を解決する能力」や、「自らを律しつつ、他人と協調し、他人を思いやる心や感動する心な

ど，豊かな人間性とたくましく生きるための健康や体力」であるという。

諮問では，豊かな人間性の育成，すなわち「心の教育」が重要であることを指摘し，次のような検討必要項目が挙げられた。

- 家庭や地域での教育力の低下，情報機器の普及に伴う間接体験の増加，大人社会のモラル低下などがもたらす子どもの心への影響
- 幼児期からの発達段階を踏まえた心の教育
- 家庭，地域社会，学校，関係機関の連携した心の教育

他人と協調しつつ主体的に「生きる」力が重要であることは理解できるが，ではそのための「心の教育」とは具体的にどんなことをすればよいのだろう。

検討すべき項目として最初に掲げられている，「家庭や地域での教育力の低下」「間接体験の増加」は，子どもの心の育ちにどのような影響を及ぼしているのだろうか。

そこで次に，現代の子どもたちを取り巻く家庭環境や地域社会の変化を手がかりにしつつ，子どもたちの他者とのやりとり，コミュニケーションの力は今どのような実態となっているのか，それは以前の子どもとはどのように異なり，その背景にはどのような要因があるのか，という点について検討する。そして次節では，子どもの身近にある「間接体験」の代表的な例としてテレビやビデオ，テレビゲームなどを取り上げ，これらのバーチャル環境が子どもに与える影響について考えてゆきたい。

2) 気になる子どもたちの行動の背景
(1) 家庭環境と子どものコミュニケーション

　家庭は，子どもが食事，排泄，睡眠などの「基本的生活習慣」

を身につけていく場であるとともに、人間関係の基礎となる他者への「基本的信頼感」を獲得する場でもある。その意味で、家庭は子どもたちにとって「基本的な」生活の場である。親やきょうだいといった家族とともに基本的信頼感を基盤とした基本的な生活を送ることによって、子どもはことばや感情表出をはじめとするさまざまな社会的スキルを獲得する。

とりわけ家庭における「基本的信頼」関係のもとでは、子どもは自分の感情を思うままに表出することが許される。きょうだいへの嫉妬、親への甘え、独占欲、怒りなどの感情や、自己中心的なふるまいの表出をある程度容認される経験をするからこそ、自分の感情をコントロールする術も身につけることができるのであり、家庭の外ではそのような自己中心的な感情を抑えることができるようになる。感情の自己統制のスキルは、けっして他者から統制されて育つものではないのだ。このような経験をもとにして子どもは社会的な自我を形成し、仲間、先生、地域の人々など家族以外の人間との対人関係を拡大させるのである。

また、かつては家族ばかりではなく親戚とのつきあいも日常的であった。子どもが学校から帰って居間に入ると、めったに会わない親戚が訪問していて母親と談笑しているところに出くわし、しどろもどろで挨拶する、というような光景もかつてはありふれたものだった。そのような、まったくの他人ではないが家族よりも緊張感を持たねばならない相手とのかかわり合いが、その後の家庭外の人間とのコミュニケーションのとり方を練習する機会として機能していた。

しかし、現代は核家族化・少子化が進み、家庭での人間関係が単純になったうえ血縁関係も希薄化してしまった。家族の人数や家庭に出入りする人間の数が多ければ、それだけ多様な働きかけを受けることになり、また、家族の成員同士の多様な人間関係を

目の当たりにすることができるが，核家族という形態ではもっぱら親とのかかわりのみになってしまい，家庭の中でさまざまな人間関係を経験し多様な養育態度・価値観に触れる機会は失われてしまう。そのことが，子どもの社会的スキルや社会への適応能力を低下させる要因となっていると言えるだろう。

　子どもたちを取り巻く人間関係が単純化している現代であるからこそ，各家庭の親子関係の中で生じる歪みは多様化する。そのため気になる子どものタイプも多様化し，集団場面に置かれた時，「学級崩壊」の事態はいっそう深刻になると言える。

　さらに昨今の少子化傾向により，家庭でのきょうだいとのかかわりや地域の子ども同士のふれあいの機会も減少している。親子関係が「タテ」の人間関係であるのに対し，きょうだいや仲間とはいわば「ヨコ」の関係である。「ヨコ」の関係では，オモチャをめぐって争う，ゲームをするといった「競争関係」や，一緒に留守番をする，創作的な遊びをするといった「協同関係」を経験することができる。それによって子どもは自己主張や自己制御のしかた，対人関係における問題や葛藤の処理のしかた，助け合うことの大切さなどを学ぶのである。それに対して「タテ」の関係である大人は，子どもの社会的スキルの未熟さを補うような形で働きかけ，子どもの意図や欲求などを先回りして汲み取り処理してしまう傾向がある。そのため，子どもは自ら問題を解決したり，不満や葛藤を処理する方法を学ぶ機会を失い，社会的スキルを獲得しにくくなってしまう。

　そのような状況のもと，子どもはコミュニケーション能力を十分に養う機会もないままに，幼稚園や学校という見知らぬ他人同士が集まる集団の場に突然入ることになる。自分の欲求を適切に伝える，自分の感情をコントロールすることの必要性を理解する経験が乏しいまま集団の場に入れば，適応しきれずにひとり飛び

出してしまう「自己チュー児」になったり，仲間関係をうまく結べず，トラブルにも対処しきれなくなって突然攻撃的な手段をとる「キレる子ども」になったとしてもなんら不思議ではないだろう。

それに加えて，現代の家庭では基本的生活習慣そのものが崩壊しつつあることも懸念されている。特に最近，親と一緒に夜更かしをして睡眠不足のまま登園してくる子どもや朝食をとらずに登園してくる子どもが保育所などで問題となっている。

遅寝の習慣が身についてしまい，眠ったまま親に抱きかかえられてぎりぎりの時間に登園してくる子どももおり，その子はそのまま医務室で休んだ後，元気になって遊び始めるという。

そこには，両親共に働く家庭が増え，夜しか子どもとふれあう時間がない，テレビなど夜の娯楽が増えた，ということも原因として挙げられるが，親の育児に対する知識の少なさ，睡眠・食事などの基本的な生活の大切さを理解していない，大人としての未熟さも一因であろう。

親自身が食べないからといって，子どもにも朝食にコーヒーしか与えないで保育所に連れてくるケースもある。子どもは朝のおやつの時間まで遊ぶこともなくだるそうにしているという。

欠食・遅寝による生体リズムの乱れによって，元気がない，ぼーっとしている，イライラして機嫌が悪い，すぐに「キレる」など，自分の感情をコントロールできない状態になってしまう場合も考えられるだろう。

(2) 地域社会環境と子どものコミュニケーション

従来，子育てとは親だけの手によるものではなく，地域社会全体で営まれるものであった。かつては地縁による結びつきが強く，近所づきあいもあり，親以外の地域の大人たちもみんなで子

育てにかかわっていた。また，親同士のかかわり合いを通じて異年齢の子どもたちが仲間関係をつくり，遊びを展開していた。子どもが基本的生活を営む家庭を拠点として地域社会へと生活の場を広げながら，異年齢の子ども，高齢者など地域のさまざまな人や，自然，物とかかわり，多様な経験をすることの意義は大きい。

　特に，異年齢の子ども同士の集団では，年少児は年長児を模倣の対象とし，年長児は年少児を思いやる，というように，均質な同年齢集団よりも高度な社会的スキルを育むことを可能にする複雑なコミュニケーション形態を持っている。

　しかし戦後，都市部への人口集中，住宅の高層化が進み，地域社会の結びつきは弱くなった。地方の農村部においても，情報化や電化，自動車の普及などによって地域の連帯性は崩壊しつつある。

　また，地域社会のネットワークの弱体化は，家庭の育児にも影響を与えている。このような社会でひとり育児を行う母親は，身近に相談相手もいない状況にあって，育児不安から子どもに対して過干渉になったり，また逆に育児放棄をしたりというような状況に陥りやすくなってしまう。あるアンケートによると，現在子どもを持つ母親の3割以上が「子どもといるとイライラすることが多い」など育児に不安や戸惑いを感じているという。人間関係の基礎を培う親子の間での健全なコミュニケーションが阻害されれば，それは子どものコミュニケーション能力の発達にも影響するだろう。

　さらに今の若い親の世代は，すでに核家族化・少子化の影響を受けていて，親自身もコミュニケーション能力が低く大人として未熟であったり，きょうだいや地域の子育てを目の当たりにした経験がない，年下のきょうだいの育児に参加した経験がないなど

の理由から育児能力が弱い傾向にあると言われている。前掲の朝日新聞（98/6/10）の記事にも紹介されていたような，よその子どもとの葛藤を避け，学校の担任に解決させようとする親も珍しくない。また子連れで公園に遊びに出かけるというごく日常的なことをするのに，「公園デビュー」として身構えてしまうのも，親自身のコミュニケーション能力の弱さを表している例だろう。遊具の取り合いなど，複数の子どもが集まれば当然起こり得るはずの子ども同士のいざこざが，その親同士の関係の気まずさの原因となる。そのために，子ども同士のいざこざも親が回避してしまうという。しかし子どもは，けんかや物の取り合いなど仲間同士のトラブルを経験することによって初めてその解決のしかたや，相手の痛みや悲しみに共感することを学び，社会的スキルを育むのである。子どもたちのコミュニケーション能力の低下の背景には，その親たちのコミュニケーション能力の欠如があると考えられる。

　さらに現代の日本は「癒し」の流行に象徴されるように，不快な体験や感情，困難や葛藤を克服するのではなく，回避してしまう風潮がある。そのため，若者は目上の人や気の合わない相手でも何とかがまんしてつきあうのではなく，当たり障りのない相手とだけ，当たり障りのないコミュニケーションをとろうとする。これではコミュニケーション能力を磨くことは難しい。

　しかも現代は自分が煩わしいと思う人間関係は容易に回避してしまうことが可能な社会でもある。自動販売機やコンビニエンスストアは至る所にあり，誰とも会話せず24時間いつでも欲しいものが手に入る。携帯電話でのつきあいは，電源を切るか，電話番号やメールアドレスを変更するだけでいつでも断つことができる。上司に気を遣うことが煩わしくなれば，フリーターになる。フリーター人口の増加は，若者の経済力を低下させ，それが親と

同居し経済的にも依存しながら生活するパラサイトシングルの増加を招く。物わかりのいい団塊世代の親たちが，近年の若者のパラサイト化を許し「ともだち親子」の関係を結んでしまう。そのため晩婚化，少子化はさらに進む，という悪循環となる。現在，未婚で親と同居する若年層（20〜34歳）は1,000万人を超え，そのうち8割以上が家業，親の介護など以外の理由によるパラサイト型であるという（平成15年の内閣府「若年層の意識実態調査」）。子どものモデルとなるはずの大人がそのような状態では，子どもの自己チューや集団場面でのパニックだけを批判はできない。

　子どもを取り巻く社会環境がこのような状況にあっては，他人とかかわり合いを持ち，協力し合い助け合うことの必然性は薄く，対人関係の上での葛藤を克服する，という経験を通して社会的スキルを磨くことの重要性も理解することはできないだろう。

IV　子どもを取り巻くバーチャル環境

　近頃の子どもたちには，「時間」「仲間」「空間」という3つの「間」が不足していると言われている。

　以前と比べて学歴偏重主義は多少緩和された印象を受けるが，依然として子どもたちの生活は塾や習い事で「時間」がない。現在，3〜12歳の子どもの約7割が習い事をしており，その数は1人当たり平均1.9だという（平成16年ビデオリサーチ社調べ）。学力以外の能力にも価値が置かれるようになった現代だからこそ，多くの選択肢の中から好きな進路を選べる人間になるために，早期からの能力開発が求められているのだろうか。

　塾や習い事は子どもたちの遊びの時間のすべてを奪っているわ

けではないのだが,「仲間」との時間調整を難しくしてしまっているのは事実だ。つまり各々がいろいろな曜日に習い事の予定を入れているため,仲間全員が揃う機会がなく,遊びが盛り上がりにくくなってしまうのだ。

　また,産業の発展は経済的・物質的な豊かさの反面,自然や生態系の破壊に拍車をかけ,深刻な環境問題を引き起こしている。そして,子どもたちから遊び場としての「空間」を奪ってしまった。子どもたちは,仲間と集う場所がなくなった上,自然をじかに体験することも少なくなり,それに伴って自然や気候の厳しさに触れる機会もますます減少している。少子化の影響もあって十分過ぎるほど親の保護を受けている子どもが多く,室内は年中快適な温度が保たれており,雨が降れば自家用車で送迎されて外出することも多い。

　しかし,子どもが季節折々奥深い表情の変化を見せる自然に対して畏怖の念を抱き,「自分の意思を超えた存在」としての自然を身体で知ることは,かけがえのない貴重な体験であり,自制心や忍耐力を養う機会を提供するはずである。自然環境が失われることによって,そのような経験の機会が子どもから奪われることは,空間としての遊び場が失われること以上に深刻な問題だろう。

　さらに少子化が進む中,日本の企業は少ない子どもにできるだけ多額の出資をさせるよう,ブランド衣服,子ども向け化粧品（キッズコスメ）をはじめ,教育教材ビデオ,テレビゲーム,パソコンゲームなど子ども向け市場を次々と開拓している。

　そこで3つの「間」を失った子どもたちは,テレビやビデオ,インターネット,テレビゲームなど,室内で一人でもできるバーチャルな遊びの世界に没頭するようになってしまった。現代の子どもたちは,0歳からすでに1日あたり2時間弱の時間をテレ

■図6-3 映像メディア接触時間（2003・月曜）

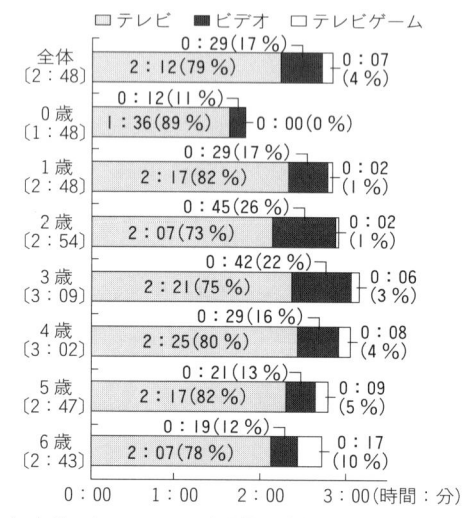

凡例：□テレビ ■ビデオ □テレビゲーム

区分	テレビ	ビデオ	テレビゲーム
全体〔2:48〕	2:12（79%）	0:29（17%）	0:07（4%）
0歳〔1:48〕	1:36（89%）	0:12（11%）	0:00（0%）
1歳〔2:48〕	2:17（82%）	0:29（17%）	0:02（1%）
2歳〔2:54〕	2:07（73%）	0:45（26%）	0:02（1%）
3歳〔3:09〕	2:21（75%）	0:42（22%）	0:06（3%）
4歳〔3:02〕	2:25（80%）	0:29（16%）	0:08（4%）
5歳〔2:47〕	2:17（82%）	0:21（13%）	0:09（5%）
6歳〔2:43〕	2:07（78%）	0:19（12%）	0:17（10%）

＊（　）内は，各メディアの時間量が映像メディア接触時間全体に占める割合．
出所：NHK放送文化研究所「放送研究と調査8月号」2003

■図6-4　2歳以上の幼児の遊び（平成15年）

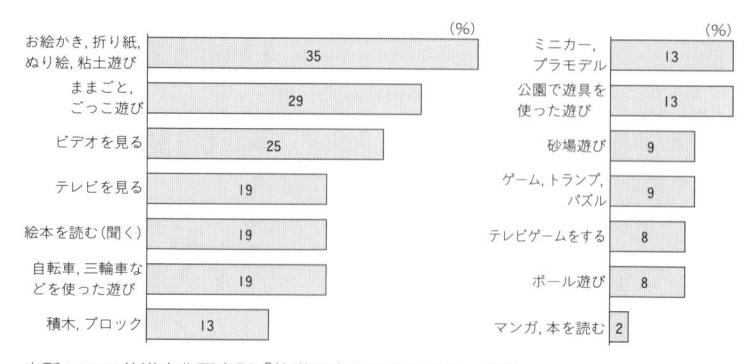

(%)
- お絵かき，折り紙，ぬり絵，粘土遊び　35
- ままごと，ごっこ遊び　29
- ビデオを見る　25
- テレビを見る　19
- 絵本を読む（聞く）　19
- 自転車，三輪車などを使った遊び　19
- 積木，ブロック　13

(%)
- ミニカー，プラモデル　13
- 公園で遊具を使った遊び　13
- 砂場遊び　9
- ゲーム，トランプ，パズル　9
- テレビゲームをする　8
- ボール遊び　8
- マンガ，本を読む　2

出所：NHK放送文化研究所「放送研究と調査8月号」2003

ビ・ビデオなどの映像メディアに接触して過ごしているという。また,「テレビを見る」「ビデオを見る」ことは「幼児の好きな遊び」の上位にのぼっている。

そこで本節では,現代の子どもを取り巻く環境としてなくてはならないものとなったテレビ,ビデオ,テレビゲームなどの映像メディアが子どもたちにもたらす影響について考えたい。

1) テレビが育てる現代の子ども

日本では,1953年テレビ放送が開始され,早くも60年代には一般家庭に普及した。今となっては日常の家庭生活に深く入り込んでいるメディアのひとつである。一日中テレビをつけっぱなしにしている家庭も多いため,現代の子どもたちは長時間テレビ映像に接触できる環境のもとで育つことになる。自分でビデオを操作できる幼児も珍しくない。しかも,「子どもは面白そうに画面を観ているから」「子ども向け番組なら教育に良さそうだから」「子どもがテレビに集中している間,たまった仕事を片づけられるから」など,いろいろな理由から長時間テレビやビデオを観せっぱなしにする親が増えている。

このような実情の背景には,乳幼児を持つ現代の親が「テレビっ子」として育ってきた世代であることも関連しているだろう。テレビをつけっぱなしにして生活することを当然のように考えている親たちが,テレビを観ながら授乳やおむつ替えをし,その流れで子どもの教育や子守りをテレビに任せている。

しかし,人気アニメ番組を観ていた子どもたちが突然けいれん発作を起こした1997年の「ポケモン事件」は記憶に新しい。テレビやビデオなどの電子メディアに囲まれた現代の育児環境は,子どもたちの心身の発達に悪影響を及ぼさないのだろうか。

テレビと子どもたちの成長発育との関連についての研究はまだ

始まったばかりだが，乳幼児期にテレビを長時間視聴してきた子どもたちの中に，話しかけても返事をしない，表情が乏しい，視線が合わない，イントネーションに抑揚がない，声が小さくて誰に話しているのかわからないなど，コミュニケーションにつまずきを持つケースがあるということが報告されている。表情，視線，イントネーション，適切な声の大きさなどは，ことばそのもの以上に重要なコミュニケーションの手段となるものである。これらは個々に教えられて習得するものではなく，新生児・乳児期にかけての大人との非言語的なかかわり合いの中で自然に身につけてゆくものだ。

　例えば，やりとりの最も初期の形態は，生まれた直後から始まる母親と子どもの授乳の場面で観察できる。

　母乳でも哺乳ビンでも，ミルクを飲む時乳児は一気に吸い続けるのではなく，しばらく飲んで休む，飲んで休む……というサイクルを繰り返す。そして，子どもがミルクを飲むのをやめると，母親は子どもを軽くゆすったり声をかけたりしてあやす。それが終わると，子どもは再びミルクを飲み始める。このような母親との授乳を介した「やりとり」は，「相手の話が終わったら返事をする」，または「相手の話が終わるまで自分はしゃべらない」という，ことばによるコミュニケーションの基礎を習得する機会となっている。

　また大人は，乳児がベッドに寝ている時でも，元気な声を出して手足をバタバタ動かしている時には「わあ，元気だねえ」と大きな声で話しかけ，静かにしている時は「おねむかなー？」と，静かな声で応答する。相手に合わせて発声の強弱をコントロールすることもやりとりの重要な要素だが，子どもはこの時点でそれを学ぶ機会を得ている。

　5，6か月齢を過ぎると，子どもは「バブバブ……」「マンマン

マンマ……」など，伝達意図は持たないが泣き声とは異なった穏やかな音声（「喃語」という）を発するようになる。すると大人はその喃語に対して「マンマ欲しいのかな」など解釈を加えて応答する。それによって子どもは自分の発声に社会的な意味を持たせるようになり，ことばを習得し，ことばのやりとりのしかたを理解する。

　さらに大人は，子どもが転んで泣いた時に「痛かったねえ」と言って寄り添ったり，オモチャを仲間に取られてしまった時には「くやしかったんだね」と言ったりして，子どもの感情や欲求を解釈し言語化する。このことによって子どもは，「自分の感情や欲求は言語化して伝えることができる」ということを体得する。自分の内的状態を客体化し，向き合うことは子どもにとっても大人にとっても重要だ。今問題となっている「キレる」という行動は，子どもが自分の心の揺れを自ら言語化して理解することができず，その感情をコントロールしたり適切に表現したりすることができなくなった状態ではないだろうか。

　以上のようにタイミングよく子どもの行動に随伴した応答は，テレビやビデオになせる技ではない。「テレビで子育て」が良くないと言われる理由は，この点にあるのではないだろうか。どれほど番組の内容が優れていようとも，テレビは子どもの行動に対して応答を返さない上，長時間の視聴は大人との生のやりとりの時間を奪うことになる。

　さらに，大人がそばにいないで子ども一人でテレビを観せっぱなしにすることには次のような問題もある。

　子どもは，面白いもの，怖いもの，興味を引かれるものを見た時，その対象を指さしながらその対象と周りにいる大人の顔を交互に見るなどの行動によって，その対象に関する注意をその人と分かち合おうとする。これを共同注意（joint attention）という。

子どもは，大人との共同注意を通して，その対象についての感情を共有したり，その対象についての知識を大人から学んだりする。子どもがテレビ番組を観ていて，「面白い！」「きれい！」または「怖い！」と思った時，子どもはその感情を共有するために，画面を指さしながら周りの大人を探す。しかし，その時そこに自分の感情を受け止めてくれる大人がいないとしたら，子どもは次第に感情を表出する意欲を低下させるだろう。そのような経験を繰り返すことによって，子どもは次第に自分が抱いている感情が「注意するに足りないもの」「重要ではないもの」であると見なしてしまう。自分の感情に鈍感になれば，他者の感情に敏感でいられるわけはない。大人が子どもの気持ちをしっかりと受け止めることなしに，「自らを律しつつ，他人と協調し，他人を思いやる心や感動する心」を育もうとする「心の教育」は成果を挙げることはない。

2）テレビゲームと子ども

80年代に「ファミコン」が出現してから20年以上が経った。シューティングゲーム，ロールプレイングゲームをはじめ，「たまごっち」などバーチャルなペットの飼育ゲーム，格闘ゲーム，スポーツ疑似体験ゲームなど，現在もソフトの多様化が進んでいる。

そんな中，『ゲーム脳の恐怖』という本が2002年に発行され（日本放送出版協会），話題を呼んだ。長時間テレビゲームをすることで子どもの脳波に影響がみられ，脳の機能が低下するのだという。

しかし，「ゲーム脳」についてはまだ科学的に実証されたわけではない。文部科学省も2002年に「脳科学と教育」研究に関する検討会を設置し，バーチャル環境と子どもの健康・生活との関

係について調査を始めたばかりだ。

　ただ，現時点で子どもがテレビゲームに没頭することによる問題点を挙げるとすれば，身体を使った遊びやゲームなどのレクリエーション，スポーツなど，子どもたちが集団の中で身体活動を経験する機会が減少してしまうことではないだろうか。

　子どもたちは身体を使った競技やスポーツを通じて仲間同士で連携をとりながら，自分を表現すること，または自分の行動や感情を制御して他者と調整し合うこと，協力し合うこと，競い合うことの大切さを学ぶ。そこには，仲間との葛藤，共感，興奮，痛みなど，格闘型のテレビゲームにはない，数値化できない生の経験がある。子どもは，身体を使ったゲームなどの「遊び」を通して，運動能力はもとより判断力や創造性，社会性や感情表出などの社会的スキルを総合的に「学ぶ」機会を得るのである。「遊び」は内発的に動機づけられた主体的な活動であるからこそ，大人からの押し付けではない本当の意味での「学び」がある。

　また，生き物とのふれあいはバーチャルなペットとは違い，その感触や匂い，重さなどを五感を通して感じることができる。生き物の飼育のためには自分のやりたいことを我慢してでも世話をしなくてはならないこともある。思いのままに，いつでもリセットできるテレビゲームとは違い，自分の意思を持って行動する生き物とかかわり合うことは，子どもの中に自制心と思いやりの気持ちを育む。生き物はことばを話さないが，彼らが今何を求めているかは彼らのありのままの姿を愛情深く見ることによって推測できる。ことばを介さないコミュニケーションのスキルや共感性を子どもの中に育くむためにも，生き物とのかかわりは子どもの生活の中になくてはならないものだろう。

　一方，近頃では世界各地の自然や野生動物の生態などを扱った番組も多く，子どもは自然や生き物について多くの知識を持って

いる。しかし，テレビで観るものはあくまで「情報」であって，「経験」ではない。現代は，テレビ，インターネットなどメディアの普及により「情報」は氾濫しているが，それゆえ自分の五感を使って「経験」することの大切さが見失われがちになっている。「知っている」「覚えている」子どもは増えているが，「身をもって」知っている子どもは少ないのである。

　2, 3か月齢頃の乳児は，仰向けに寝たまま自分の手を目の前にかざし，じっと眺めたり指を開閉したり，左右に動かしたり，というような行動を飽きることなく続けることがある（「ハンドリガード」という）。子どもはこの行動を通じて自分の身体を自ら意識し，自分の身体が自分の意思でコントロールできるということを体得するのである。さらに子どもは自分で歩けるようになってくると，ただ歩くだけでは物足らずわざと水たまりの中や砂利道を歩きたがったり，小さなダンボール箱に潜り込んだりして楽しむようになる。子どもは自分の身体の活動を自ら制約し自分に課題を与え，その中で失敗と修正を繰り返すことによって自分の可能性を知り，自己効力感を得，自分の身体と自分を取り巻く環境についての理解を深めているのである。子どもは身体活動による実体験を通じて，身体だけでなく自分の心についての意識を高め，心身の成長発達を遂げてゆくのである。これは，バーチャルな環境ではなし得ないことだ。英語の早期教育や右脳開発を目的としたビデオ，CDなどの教材への関心も高まっているが，やはり子どもの「学び」には自分の五感を使った経験の方が重要であろう。

　子どもの「心」の問題が注目されている現代にこそ「身体」活動による経験の大切さを見つめ直し，身近な人々とのかかわり，自然や生き物とのふれあいの意義について考え直す必要があるだろう。

Q&A

- Q1 母親の役割・父親の役割
- Q2 子育て広場
- Q3 虐待
- Q4 ジェンダーと子育て①
- Q5 ジェンダーと子育て②
- Q6 幼稚園における子育て支援
- Q7 三歳児神話
- Q8 祖父母世代とのつきあい
- Q9 エンゼルヘルパーの役割
- Q10 病児保育・病後児保育
- Q11 一人っ子を育てる
- Q12 きまりを学習させる
- Q13 テレビと子ども
- Q14 地域社会と親とのかかわり
- Q15 都市化社会と子どもの発達
- Q16 感情耐性
- Q17 子どもの気質と環境
- Q18 異年齢集団の持つ意味
- Q19 抱くことの重要性と共感性
- Q20 駅前保育,そのプラスとマイナス
- Q21 合併型施設と子育て
- Q22 出張保育と地域社会

Q1
最近，男性が育児に参加する必要性がいわれていますが，父親と母親の役割は基本的に異なるのではないでしょうか。

A 家庭の中で親が果たす役割は重要であるという考え方は，従来から指摘されてきた通りですが，親の性別によって異なる役割を果たすべきかどうかについては，時代の流れとともに再検討が必要だと思います（第3〜5章参照）。

父親と母親の役割というと，「厳父慈母」ということばに象徴されるように，父親は厳しく毅然と子どもに対し，母親は慈愛と優しさを込めて子どもを包み込むような役割が期待されてきました。子どもを育てるためには，厳しさと優しさの両方が必要なことはいうまでもありません。子どもが社会の中で他者と協調しながら生きていくためには，社会のルールを守り，是非の判断をしっかりと保ちながら，自分自身の行動を律していく力が必要です。同時に，他者を尊重し，いたわりや思いやりの心も人として欠かせない大切な要素です。

「男は仕事，女は家庭」というように，生活の場が男女ではっきりと分けられていた時代には，父母の役割も自ずと異なっていたといえます。しかし，21世紀は男女共同参画社会の実現が求められています。「男も，女も，仕事も家庭も」の時代を迎えて，男性にも優しさと慈愛は必要ですし，それを持ち合わせている男性はたくさんいます。一方，母親も社会的な仕事に従事する中で，毅然とした決断力を身につけ，精神的な強靭さを持っている人が少なくありません。親の性別によって一方的に役割を分け

〈母親の役割・父親の役割〉

ることは現実的ではなくなっています。

　父親がこまごまとした家事や育児にかかわり過ぎると家庭の中に母親が2人いるようで、子どもに与える影響も好ましくないという意見もあります。しかし、育児能力は親の性別以上に、個人差の大きいものですし、一人の人が「厳父慈母」的要素を兼ね備えることは、人としてのあり方として当然のことと考えられます。近年はシングルマザーやシングルファザーが増加していますが、父親と母親の役割を固定的に考えるのではなく、親の人間性がいかに発揮できるかということが大切ではないかと思います。そうした観点から考えれば、父親と母親が家事や育児を同じように分担したとしても、そこには2人の個性豊かな大人の姿が現れると考えられるのではないでしょうか。

　父親と母親との間の違いを強調し過ぎると、乳幼児期の子育ては母親の役割であり、父親は「いざという時が出番だ」という考え方となりがちです。しかし、乳幼児期の子育てを母親一人で担うことは心身の負担があまりに大きく、子育てにさまざまな困難をもたらしています。育児ストレスや育児不安に悩む母親が急増している実態は、母親一人の子育ての弊害を表していることにほかなりません。一方、父親が考える「いざ」は、子どもが反抗期に入り、対応が難しくなる思春期の頃を意味しています。しかし、小さい時に子育てにほとんどかかわらない父親が、突然、思春期になって子どもにかかわろうとしても、子どもの生活や心をつかめず、適切な対応ができない場合が少なくありません。小さい時からの積み重ねがあって初めて、「いざ」の出番が効果を発揮すると言えます。

(大日向雅美)

Q2
子育てに自信が持てず，行き詰まってしまいました。どこか頼れるところはないでしょうか。

A　歴史の流れの中でさまざまなものが変化してきましたが，子育てをめぐる状況も大きく変化したもののひとつです。子育ては社会の影響も大きく受けるものですが，現代社会では家族，特に女性に多くの負担や責任が集中するようになってしまいました。そうした中では，うまくいかない時や苦しい時には，自分を責め過ぎてしまう場合も多いのではないかと思いますが，一人で悩まずに，夫婦で話し合ったり，気軽に相談できる場所を見つけていくことが大切です。最近は社会全体で子育てを支え合い，助け合う必要性が認識され，子育て支援は国の基本施策にも組み込まれてきています。

【さまざまな地域の施設や事業】　子育て支援の広がりはここ数年で著しいものがあり，地域を見回してみれば，さまざまな相談窓口や気軽に遊びに行ける場所が見つかるはずです。代表的，特徴的な事業をいくつか挙げておきます。

　保育所・地域子育て支援センター：保育所はもともと仕事と育児の両立支援のための施設でしたが，現在では広く地域に開放され，地域の子育てのパートナーとして頼れる存在です。保育の専門家である保育士や栄養士，園によっては看護士など子育てにかかわる人材も豊富です。平成16年現在約22,000か所ある保育園のうち2,700か所ほどは地域子育て支援センターとして指定され，日常的に集まれる親子の広場を実施したり，相談業務や育児サークルへの支援を行ったりしています。また地域子育て支援セ

〈子育て広場〉

ンターとしての指定はなくても園庭開放や園舎開放・育児相談などを定期的に行っているところも多くあります。

　つどいの広場：「つどいの広場」は平成15年度より国で予算化された新しい事業です。16年度は全国に150か所ほどですが今後急速に数が増えていくことでしょう。「つどいの広場」では原則として，週に3日は親子の広場を開くことが要綱に定められていて，まず何より気軽に親子が集まり合い，仲間づくりがしやすい場となっています。それぞれの実施内容は多様で，専門家と連携しながら相談の事業を進めているところや参加者がそのまま運営者となっていくような市民参加のスタイルを進めているところもあります。運営は社会福祉協議会や保健センターに併設のもの，NPO法人が行っているものなどさまざまです。

　保健所・保健センター・小児科：子どもが生まれる時に最初にかかわる公的な機関は，保健所・保健センターではないでしょうか。保健所は幼い子どもからお年寄りまで，広く地域の保健福祉にかかわっていますが，特に乳児期において悩みの種となる健康面や栄養面，心や身体の発達などの相談に対応しています。またさまざまな病気や障害に関しても相談や，必要であれば適切な医療機関や療育機関を紹介してもらえます。乳幼児期は病気も多く，それぞれの子どもによっての個人差も大きいため，かかりつけの小児科をつくっておくことも大切です。

　児童館・幼稚園等：児童館や幼稚園など子どもにかかわる施設では，それぞれ独自に子育て支援の取り組みがなされています。児童館は常設であるため中高生を含めた幅広い年齢のかかわりが特色となっており，その中で幼稚園などに就園前の2，3歳児対象のプログラムを実施しているところが多くあります。ただし設置に関して地域ごとの差も大きく，内容も独自性が高いものとな

Q2

っています。

　子育てサークル・子育てサロン：サークルやサロンは育児中の親たちが自主的に運営しているものや，子育て支援のNPOなどが運営をしているもの，行政の独自事業として開催している場合もあります，多くは常設の場を持たずに，公民館や地域センター，集会所などを利用して定期的，または不定期に活動が行われています。どちらかというと専門家ではなく当事者に近い人たちの運営となり，親にとっても子どもにとっても仲間づくりがしやすい場となっています。

【行政の窓口を活用】　以上のように，子育て支援の活動はさまざまに広げられていますが，それを知るために一つひとつ調べていくのは大変なことです。そうした時にはまず地区の行政窓口を頼るのが近道です。以前は行政の窓口も多岐にわたり，なかなか目的の窓口までたどり着けないといったことがありましたが，最近では子育て支援課，子ども課といったようなかたちで組織も改編されてきており，情報を集めやすくなっています。

　地域での子育てを援助してくれるのは前述の活動ばかりでなく，身近な地域にいる民生・児童委員や虐待などにも対応していく児童相談所など多様なメニューがありますので，自分に合ったものが見つけられるよう，地域の情報を集め積極的に利用していきましょう。

　また行政には育児のみならずさまざまなケースに対応する相談の窓口があります。子育てに関する悩みは，時には住宅事情であったり，金銭的な悩みであったりもするわけですから，自分の住んでいる地域にどのようなサービスがあるのか知っておくことはとても大切です。

　現在では直接窓口に出向かなくても，電話やインターネットを

....〈子育て広場〉

利用して情報を収集しやすく，地域の口コミ的な掲示板などもインターネット上に多く設けられるようになってきました。ただし内容は主観的なものも多くあるので，自分自身で内容を吟味しながら選び取っていくようにしましょう。

【親自身の悩みにも向き合う】 育児の相談をする場合，とかく子どものことが中心となり，親自身の問題が後回しになる場合があります。実際の育児相談では具体的な育児の悩みとともに，夫婦間のすれ違いや祖父母との関係，近隣や親同士の関係のもつれといったものと密接に関係している場合が多々あります。そうした時には上記のような施設で悩みを相談したりするほか，女性センターや男女共同参画センター，また行政の設置するカウンセリングルームなどで相談するという方法もあります。

【「子育て広場」の広がりを】 現在子育て支援は国を挙げての緊急課題となり，さまざまな活動や施設が急速に広がっていることはすでに述べましたが，そこではなにより人と人とのつながりが生まれ，助け合い，学び合いながら親も子も，そして援助者側も共に育っていくことが必要です。単に悩みを相談したり，表面的なアドバイスをやりとりしたりするのではなく，安心と信頼の関係を土台にしながら，互いに育ち合う場，「子育ての広場」としての活動を広めていきたいと思います。また子育ては当事者だけでなく，地域全体のかかわりが重要です。そのためにも子育て広場では，当事者の親子だけでなく，老若男女さまざまな地域の人々も参加しやすいしくみをつくっていくことも大切です。今後は「社会全体で子どもを育てる」という意識をどう広げていくのかが大きな課題となり，子育て広場には，街づくり，地域社会の再構築といった期待も寄せられています。

（新澤拓治）

Q3
虐待が疑われる子どもと親への支援はどのようにすべきですか。

A　保育園・幼稚園と虐待のかかわりには，次の3つの場合が考えられます。

① すでに保育園・幼稚園に在籍している子どもに虐待が疑われる。
② 虐待のおそれがあるが，親子を分離して子どもを保護するほど重度でない場合に，モニター機能（親子の様子を観察し変化を敏感にキャッチする）と育児負担軽減を目的として保育園を利用する。
③ いったん，分離保護されていた子どもが，再統合されて家庭に復帰したあと，モニター機能と虐待の再発を防ぐ育児支援を目的に保育園を利用する。

（②③は幼稚園が利用されることもまれにある）

つまり保育園・幼稚園は虐待の発見と虐待の重度化および再発の予防という機能を持ち，どちらも強力に親子を支援する方法です。

【子どもへの支援】

　虐待を疑ったら：子どもの傷や行動などから不審に思ったら，静かに話のできる部屋で，子どもと同じ目線で「どうしたの？」と聞いてみます。しかし子どもは本当のことを言わないことも多いものです。納得できないような説明をする場合には疑いは深まりますが，決して否定したり問い詰めたりせずそのまま受け止めます。

　子どもが親からされていることを話す場合は，どんな内容であ

〈虐待〉

っても信じることが大事です。子どもは話すことに罪悪感を持ち，虐待されるのは自分が悪いからだと思っています。ですから「話してくれて良かった」ということと「あなたは悪くない」ということを繰り返し伝えることが子どもへの大きな支援になります。決して親を悪く言わないように注意します。

もし子どもが「誰にも言わないで」と言っても誰にも言わない約束はしてはなりません。「誰かに言ったらどうなると思うの？」と気持ちを聞いていき「あなたを助けるためには私一人ではできないから誰かに相談するけれど，その時はあなたに言ってからにするから」と子どもとの信頼を大切にします。子どものことばをそのまま親に伝えることはもちろん避けるべきです。

虐待の疑いを持ったら，決して一人で抱えず同僚や上司に話し職場内で情報を収集し会議を開いて当面の対応策を立てます。通告は園長名で児童相談所や市区町村の児童課などに行います。

改正児童虐待防止法第5条（通告義務）はこれまでの「児童の福祉に職務上関係のある者」の早期発見努力義務から，団体にもその義務が課せられるようになりました。また第6条（通告の対象）は「児童虐待を受けた児童」から「虐待を受けたと思われる児童」になりました。一定の根拠があれば，疑いの段階でも通告する義務が園にあります。調査し虐待かどうかを判断するのは児童相談所などの仕事です。子どもの身体の写真や保育日誌なども証拠としてあとで役立つ場合もありますから，慎重にしかし克明に記録しておきます。

虐待通告すればそれで終わりでなく，かかわる機関が一同に会してケース検討会議で情報と方針を共有し，地域でネットワークを組んでその後も対応することが今では当たり前になっています。重度ケースでなければ親子を分離せず，地域ネットワークで

Q3

在宅での育児を支援する体制をつくります。いったん保護された子どもが家庭復帰した場合も地域ネットワークによる育児支援が欠かせません。

　在宅の子どもへの育児支援：虐待を受けている子どもを保育園や幼稚園などで育児支援することは，虐待の重度化と再発防止に大きな力を発揮します。子どもに安全で快適に暮らせる秩序ある生活を提供すること，自己主張しても，感情を発露しても，困ったことをしても，暴力をふるわない大人がいるとわからせることは子どもの発達上欠かせないことです。子どもには個別の丁寧な対応が必要です。子どもの暴力・暴言はもちろん制止しなければなりませんが，責めるのでなく子どもを抱いて落ち着かせ「怒っているんだね，どうして？」など子どもが怒りや悲しさを表現できるような対応が必要です。個別対応は担任だけでは無理があるので，担任をサポートする体制をつくらねばなりません。

【親への支援】

　虐待をする親は，しばしば自身も子どもの頃に虐待を受けたり親の愛情を受けずに育っていることが多いものです。それ以外にも，さまざまな困難を抱えて孤立しており，自分ではどうすることもできないのです。「子どもを虐待する困った親」なのではなく，「子どもを虐待せざるを得ないほど困っている親」なのだという認識が親支援のキーポイントです。

　虐待を疑ったら：虐待する親の中には「皆，子どもの心配ばかりして，誰も私のことは気にかけていない」と思っている人もいます。優しく冷静に「何か困っていることがあるのではとあなたのことを心配している」と真摯に伝えます。親を責めたり追及しないで，子どもの育てにくさを訴えたらそのまま受け止めます。育てにくい子をよくここまで頑張って育ててきたと，親の苦労を

〈虐待〉

ねぎらうことが大事です。あるがままの親をまず受容し苦しさに共感すると、親は保育士・幼稚園教諭を信頼し地域の支援センターや保健所、児童相談所などの援助機関に相談することに同意してくれることもあります。また援助機関の担当者に来園してもらえると、そのあとは親は相談しやすくなるようです。

どんなに共感的に接しても、親が虐待を否定し援助を拒否することも多いでしょう。それ以上追及すると保育園・幼稚園をやめさせることがありますから、園だけで何とかしようとせずに、地域ネットワークの他の機関に親支援の役割を担ってもらいます。時には親子を一時分離することもあり、通告した園が親の怒りを買うこともありますから、分離後は他の機関による親ケアが欠かせません。

虐待する親への育児支援：虐待があっても地域ネットワーク会議で、保育園・幼稚園でモニターしながら育児支援をするという方針になることも多いのです。その場合は親の育児負担軽減を第一に考えます。地域の資源も利用して送迎、入浴、洗濯などの援助が必要になる場合もあります。良い親になれという要求は親を追い詰めるだけです。むしろ育児で少しでも良いところを見つけて具体的にほめること、子どもの行動の意味を肯定的に説明してあげること、地域で孤立しないような配慮などが役に立ちます。一人で親と子の両方に対応することは難しいので、担任と別の人が親支援を担当した方が良いでしょう。

地域ネットワークとは常に連絡を密にし、些細な変化でも報告して方針をネットワークで共有します。どれだけ育児支援をしても虐待が悪化することもあります。そういう時は園は、子どもの保護を児童相談所に断固主張すべきです。それは子どもを守るだけでなく、究極の親支援でもあるのです。　　　　　　　（龍野陽子）

Q4
子どもを育てるのは女性固有の役割なのでしょうか。

A 江戸時代の寺子屋で教科書として使われていた「女大学」をみると，妻として嫁としての心得は説かれていますが，母としての心得はほとんどでてきません。「子育て書」はもっぱら男性向けに書かれており，例えば武士の場合，息子のしつけ・教育を担当したのは父親でした。ですから子どもを産むことは女性の役割であっても育てることは母親の役割として期待されていなかったと考えられます。それが変わってくるのが明治時代で，次の時代を担う国民を養成することが国家の課題となり，それを支える母親の役割が肥大化し，母親による子育てが強調されたのです。

　さらに，この価値観を強化させていった背景に，産業化とそこで成立する近代家族の広がりが挙げられます。国勢調査によると，就業者にしめる雇用者の割合は1950年には53.9％でしたが2000年には83.0％へと増加しています。労働の場は家庭から職場に変わり，職・住が分離しました。「働く」ということには変わりがなくても，職場の労働は賃金が支払われる有償労働，家庭での家事・育児は賃金が支払われない無償労働となりました。そして有償労働は男性に無償労働は女性に割り当てられ，「男は仕事，女は家事・育児」という性別役割分業が成立したのです。

　近代家族のもうひとつの特徴は子どもを中心に家族の情緒的な関係が強調されてきたことです。私的領域として家庭が孤立していく中で情緒関係が夫婦や親子に限定され「子どもは愛情を持って育てなければならない」という規範が強くなり，母親の愛情に

……………………………………………〈ジェンダーと子育て①〉

優るものはない，子どもの発達は母の愛や献身に委ねられているといった精神的な「母性」が形成され強化されてきたのです。

　そもそもこれまでの長い人類の歴史の中で，子どもを産んだ親が誰とも会わないで朝から晩まで一人で子育てをするという状況はありません。地域社会で多くの大人や異年齢の子どもの中で子どもが育っている時には，社会性や冒険心，たくましさなど自然と身についていきました。しかし，今ではすべて母親が提供しなければなりません。子育てをがんばらなければというプレッシャーは以前に増して強いものになっています。そして，必死になっても子どもが思い通りに育つとは限りませんから「こんなはずではなかった」と子育てを楽しめないどころかストレスがたまり，それが子どもにはねかえって子どものストレスもたまっていくという悪循環を生み出しています。また，母子関係という単純な人間関係だけが肥大化すると，子どもは多様な人間関係を作る能力を育てる機会を失ったり，母親への依存が大きくなることで自立心が身につかないということになりかねません。

　このような問題状況の中で，現在，子育て支援は大きな政策課題になっています。もちろん孤独な育児環境を改善することの必要性は言うまでもありませんが，それだけではなく「母親が子育てするのは当然」という考えそのものを見直す必要があります。2003年に成立した「次世代育成支援対策推進法」によって，仕事と子育てを両立するために，各企業などで男性を含めたすべての人が仕事の時間と生活の時間のバランスがとれる「多様な働き方」を選択できるよう，働き方を見直していく取り組みが始まっています。

（中野洋恵）

Q5
子どもは男の子と女の子でしつけに違いをつけるべきでしょうか。

A 女性と男性に期待される役割が大きく異なっている社会では、男の子と女の子のしつけは異なっています。例えば「男は仕事、女は家事・育児」という固定的な性別役割分担社会に適応するためには、男の子には仕事をして生きていくためしつけが、女の子には家事や子育てをして生きていくためのしつけが必要だと考えられます。しかし、現在の日本では男女共同参画社会の形成に向けて女性も男性も家庭と仕事に参画していくことが求められているのですから、そのために子どもをどのように育てればいいのかを考えることが重要になっています。

　特に、これまでに日本社会が経験しなかった少子・高齢化の進行や家族の変化を考えると、かつて望ましいとされていた「女だからやさしくておしとやかで男性についていく」「男だからたくましく女性をリードする」というステレオタイプ化された女性像、男性像では変化する社会への対応が困難になっています。女性にも男性にもやさしさや、たくましさ、リーダーシップ、自己決定の力などが必要とされているのです。

　もちろん生物学的に見れば女性と男性の体には違いがありますし、最近では「男女の脳に差がある」ということが言われるようになってきました。しかし、これは脳差を示唆するようなデータが存在するということであって、脳が極めて複雑な臓器であることを考えれば、こうしたデータの差から男と女には得意分野があるとか、女（男）には絶対にできないことがあるという単純な決定論や宿命論をとることが科学的であるとはとうてい考えられま

〈ジェンダーと子育て②〉

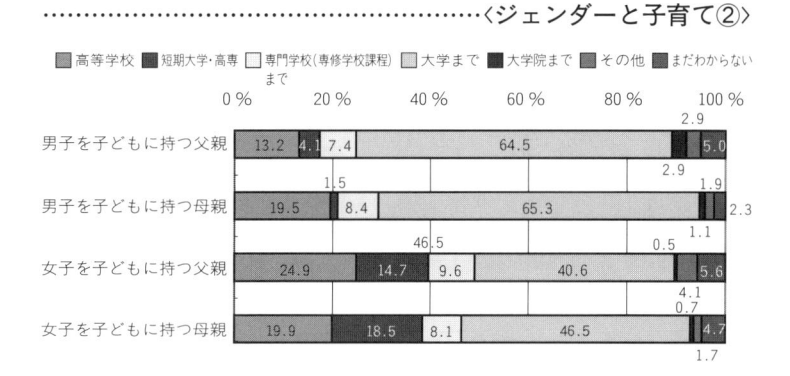

	高等学校	短期大学・高専	専門学校(専修学校課程)	大学まで	大学院まで	その他	まだわからない
男子を子どもに持つ父親	13.2	4.1	7.4	64.5	2.9		5.0
男子を子どもに持つ母親	19.5	1.5	8.4	65.3	2.9	1.9	2.3
女子を子どもに持つ父親	24.9	14.7	9.6	40.6	0.5	1.1	5.6 / 46.5
女子を子どもに持つ母親	19.9	18.5	8.1	46.5	4.1 / 0.7	4.7	1.7

注）小学4年生から6年生及び中学生の子どもを持つ父母を対象
出典：「第2回青少年の生活と意識に関する基本調査」（平成13年11月，内閣府）

■図　子どもに対する期待（進ませたい学校段階）

せん。実際，2000年のOECD「生徒の学習達成度調査（PISA）」によれば，総合読解力の得点は女子の方が高く，数学的リテラシーと科学的リテラシーの得点については男女間に統計的な有意差はみられないという結果がでています。

しかし，内閣府の調査によれば，親が子に求める最終学歴を4年制大学とする割合は男子では6割なのに女子では4割と，意識に差が見られます（上図参照）。女の子は結婚して家事や育児をするのだから大学教育までは必要ないということでしょうか。だとしたら持っている力が発揮されることなく終わってしまいます。それは個人にとっても社会にとっても大きな損失です。女の子であれ男の子であれ，その子どもの持つ個性と能力を伸ばしていくことが教育の中で大きな課題になっています。「女だから○○しなければならない，男だから○○しなければならない」というジェンダーの枠にとらわれないしつけが求められているのではないでしょうか。

(中野洋恵)

Q6
幼稚園ではどのような子育て支援をしていますか。保育所の支援との違いはありますか。

A　幼稚園は文部科学省，保育所は厚生労働省の管轄下にあるため，わが国において，少子化対策，子育て支援が国策として開始された頃は，両者の支援施策への取り組み方は異なるものでした。

　子育て支援のための大きな施策であるエンゼルプランが平成6年に策定された時点では，「仕事と育児の両立のための雇用環境の整備」や「多様な保育サービスの充実」などが図られました。具体的には，保育所の保育時間の延長や休日保育などの充実，保育所が地域の子育て家庭の相談に応じたり，施設を開放したりするなどの地域活動が推進されてきたのです。保育所を中心とした子育て支援が展開されてきた感は否めませんでした。

　その頃幼稚園では，少子化により園児減少が深刻な問題となっていたことから，園独自の事業として，教育時間の延長や，園開放を実施するところも少なくありませんでした。制度として確立されていなくとも，多くの幼稚園現場では，親のニーズに応じた子育て支援が行われていたのです。しかし，幼稚園における子育て支援が，国の施策として展開されるようになったのは，もう少しあとのことでした。

　平成10年12月に改訂された幼稚園教育要領において，「幼稚園の運営に当たっては，子育ての支援のために地域の人々に施設や機能を開放して，幼児教育に関する相談に応じるなど，地域の幼児教育のセンターとしての役割を果たすよう努めること」と，幼稚園における子育て支援機能の役割が明記されました。また，

………………………………………〈幼稚園における子育て支援〉

平成11年に策定された新エンゼルプランの中でも、「幼稚園における地域の幼児教育のセンターとしての機能等の充実」が図られるようになりました。平成15年度の文部科学白書では、近年幼稚園は、地域の幼児教育のセンターとして、子育て支援機能を持ち、いわば「親と子の育ちの場」という役割を果たすことが期待されるようになってきていると述べられています。そして、文部科学省が、通常の教育時間の前後などに行う「預かり保育」や、幼稚園における相談活動や子育てのネットワークづくりなど、子育て支援を推進することが打ち出されています。

幼稚園において、通常の教育時間の前後にも希望者を対象に保育を行うことを「預かり保育」といいます。職業を持つ親にとって、預かり保育は、子どもを幼稚園に通わせるという選択を可能なものにします。また、在園児の保護者にとっても、日頃から子どもが通いなれた幼稚園に、教育時間を延長して子どもを預けられることは大切な子育て支援のひとつになっています。

預かり保育の実施園数は、平成16年6月1日現在、14,061ある幼稚園数全体の67.9％となっています。11年前の平成5年では19.4％でした。平成16年度における預かり保育実施園の公立・私立の内訳をみてみると、公立幼稚園の41.9％、私立幼稚園の85.3％が実施しています。エンゼルプラン、新エンゼルプランを受け、保育所において延長保育や休日保育などが推進されてきたことも、幼稚園における預かり保育実施園の増加に深く影響しているようです。

実際に預かり保育を実施している幼稚園では、通常の保育室のほかに預かり保育のための部屋を設置するなどして、子どもが休養をとったり、くつろいだりすることができるようにしている園が多いようです。仕事を持つ保護者のために園児を毎日預かるほ

Q6

か，保護者が希望する日のみ預かり保育を実施する場合もあり，地域のニーズに応じて預かり方や保育時間などはさまざまです。

また，地域の幼児教育のセンターとしての役割を果たすために，園庭・園舎の開放，未就園児の親子登園，子育て相談や育児サークルの育成・支援などが実施されるようになってきました。保育所に併設されている地域子育て支援センター同様の支援内容が求められているのです。それぞれの幼稚園では，「子育てひろば」や「ぴよぴよランド」など親子にとって親しみやすい名称を掲げて子育て支援活動を展開しています。園庭・園舎の開放は，開放日と時間を決め，園庭や園の遊具，施設を開放し，地域の未就園児とその保護者に思い思いに過ごしてもらうものです。通常の教育時間内に実施する園が多いようですが，土曜日などの休日に，地域の乳幼児に向けて施設を開放する園もあります。

未就園児の親子登園は，保育者とともに，参加者親子が季節の行事や誕生会，製作などの活動を行うものです。親子が在園児とともに幼稚園の生活を体験する機会を持つところもあります。

これらの活動は，少子化社会に育つ子どもにとっては異年齢の子どもとかかわる貴重な経験であり，親にとっては子どもとのかかわり方を学び，他の親子との交流を持つことになるのです。

育児サークルの育成・支援としては，空き保育室や子育て支援室を育児サークルの活動場所として提供することや，育児サークル運営のための相談，育児サークルへの出張保育が挙げられます。少ない運営費から公民館などの使用料を捻出しているサークルにとって，活動場所の確保は切望されている支援でもあるのです。また，保護者同士の相互支援である育児サークルは同質集団となりやすく，そのため親同士だけでは解決できない問題に直面することもあります。そのような時に，第三者的な立場からのア

〈幼稚園における子育て支援〉

ドバイスができる存在として保育者がかかわることは，サークル運営という観点からも大切な支援となるのです。サークル支援を実施している園では，活動内容や運営方法についての質問や相談が寄せられる場合が多いようです。また，他の場所で活動しているサークルに対し，リトミックやおもちゃ作りなど，幼稚園における保育実践を持つ保育者が出張保育を行うことは，サークルの活動内容に変化をもたらすものでもあります。

これらのほか，子育て講演会や子育て相談，情報提供としての子育てひろばだよりなどの発行・配布などが幼稚園における子育て支援として展開されています。

現在では，保育所に併設されている地域子育て支援センターが，未就園児とその保護者にとって「保育所」という施設を知るきっかけとなっていることを重視し，園の実態を知ってほしいという願いから子育て支援事業を立ち上げる幼稚園も少なくないようです。しかし，限られた財源の中で，幼稚園が独力で地域の子育て支援と通常の教育活動を両立させることは大変難しい状況にあります。幼稚園の子育て支援に対する補助金の拡充が望まれるところです。

幼稚園と保育所は，同じ就学前の幼児のための施設であることから，子育て支援の観点からも類似した機能を求められるようになっています。未就園児とその保護者が家庭内に孤立することなく地域とつながり，親子が育ち合うことを支えるために，幼稚園，保育所は子育て家庭にとって身近な子育て支援の場となることが大切です。また，年齢性別を問わず地域住民が集い，子育てを支えるための場となることが求められているのです。

(金山美和子)

Q7
子どもは3歳までは母親が育てた方がいいとよく聞きますが。

A これはいわゆる「三歳児神話」と呼ばれる考え方です。「三歳児神話」とは「乳幼児期，とりわけ3歳までは母親が育児に専念すべき」だというものですが，具体的には次の3つの内容から成立しています。一概に神話だと言って捨て去ることのできない大切な面も含んでいますが，この考え方にとらわれ過ぎることも問題です。

1.「乳幼児期が人間の発達にとって非常に重要である」

「三つ子の魂百までも」という諺もあるように，乳幼児期の大切さは否定できません。しかし，なぜ大切かを考えることが必要です。それは愛されることを知るためです。だれかの保護なくして生存が危うい乳幼児期は，周囲の人々から適切に愛されてこそ自分に自信を持ち，他者を信頼して育っていくことができます。従って，この第1の要素は，神話ではなく，子どもの発達に欠かせない真実といえましょう。

2.「それほど大切な乳幼児期であるから母親が不可欠である」

しかしながら乳幼児が必要としている養育者の愛情とは，子どもを愛おしく思う気持ちであり，子どもの育つ力を精一杯支援しようとする責任感に裏づけられた温かな思いやりです。こうした愛情を子どもに注げるよう母親もむろん努力を傾けることが必要ですが，父親やそれ以外の人々も，こうした愛情を持てる可能性はあるのではないでしょうか。逆に母親であっても育児ストレス

....〈三歳児神話〉

を高じさせる事例も少なくなく，そうした場合には適切な愛情の発揮を期待することは難しいといえます。乳幼児期の愛情を母親の愛情に限定して狭く考えるこの第2の要素は誤った考え方と言えましょう。

3.「乳幼児期に母親が就労等の理由から育児に専念しないと，子どもが将来に及んで心の傷を残す危険性が高い」

　この第3点は三歳児神話の中で，人々がもっとも心配する点です。しかしながら母親の就労と子どもの発達との関係を検証した縦断的研究の多くが母親の就労は必ずしも否定的な影響を子どもに及ぼしていないことを明らかにしています。むしろ，母親が働くことと子育てに対して，しっかりした意識をもってのぞみ，夫や周囲の人々の協力が得られている場合，そして，保育に対して適切な配慮がなされている場合には，子どもの発達は良好な結果が認められています。大切なことは母親が働いているかいないかではなく，母親自身の就労態度や家族の協力体制，そして，女性の就労環境の整備のいかんにかかっているということです。

　近年の少子化傾向の主たる原因のひとつは，仕事と家庭の両立の困難にあると言われています。産みたくても仕事と家庭の両立が難しいことが理由で産めない状況は，改善されなければならないでしょう。労働環境や保育制度などの整備は，単に少子化対策としてではなく，男女が共に仕事や育児を共有できる男女共同参画社会を実現するために不可欠です。親や家庭とともに社会全体が子どもの成長を支援できる体制を整備していくことが，「三歳児神話」からの真の解放につながるといえましょう。

（大日向雅美）

Q8 祖父母やその世代の人たちとつきあっていくには，どのようなことに気をつければよいのでしょうか。

A 古くから嫁姑の関係は問題にされてきましたが，今日の世代間の相違はこのような捉え方では解決できません。子育ての条件が互いに異文化といえるほど大きく変化したからです。異文化理解で重要なのは，①相違点を認め合い，②支え合うための新たなルールづくりです。祖父母世代との関係も同じです。

まず認め合う糸口は互いの立場への想像力です。今子育て期の祖父母の多くは50代後半になった団塊の世代かその先輩の男女でしょう。生まれは戦前と戦後に分かれますが，ともに戦後の混乱期を経て経済の高度成長期に自己形成をし，家庭をつくりました。夫は外で働き，妻は家庭で家事育児を担い，女性の就業はやむを得ない事情がある時のみ，という考え方が一般的でした。兄弟姉妹が多く，濃密な地縁・血縁の中で育児の心と技術を自ら育つ過程で体得させられた世代でもあります。

しかし，現在の親であるこの世代が育てた子どもの数は2人です。男女共に学校中心に育てた結果，進学率は女性が男性を超え，性差よりも個人差を優先するようになりました。加えて，社会の高度情報化は女性の労働力を求め，男女雇用機会均等法などの法整備と連動して，女性が自己の能力を社会的に発揮する機会を拡大させ，結婚以外の人生の選択肢を多くの女性に用意しました。だが以上のことは，男女共に親になるための心と技術を獲得する機会が失われることでもあります。

一方は性別役割分業を前提に，女性が母親になることを当然と

〈祖父母世代とのつきあい〉

する世代。他方は女性が働くことを当然視し、親は選択肢のひとつと考える世代。双方が自分の生き方を基準にする限り理解し合うことは困難でしょう。先に相互の違いを認め合うことから始まるとした理由です。しかし問題はより深刻です。不慣れな育児に戸惑う若い母親が、祖父母世代の激励を叱咤としてしか受け取れず、育児不安に追い込まれる社会的背景ともなるからです。積極的に支え合うためのルールが必要です。

　そのキーパースンは夫＝父であり、祖父母にとっては息子です。妻＝母とともに働き、家事・育児を分かち合うことの大切さを学び、まずは夫婦間の、ついで祖父母との間にその具体化へのルールづくりを主導できるかどうかが課題です。逆に、専業主婦の母に育てられた男性が、自分の妻にも同じことを求めるなら、夫になる道を自ら閉ざすことになるでしょう。人生の対等なパートナーを求める女性の意識に男性が対応できないことが、女性の晩婚化を進め、ひいては未婚の男女を増加させ、現在の少子化と近未来の超高齢化を導くと考えられるからです。

　問題は夫＝父＝息子を誰が変えるかです。そのキーパースンは今祖父母になりつつある団塊の世代と考えます。上の世代と異なり、女性は子育てネットワークに始まりパートも含めて家庭の外に表現の場を築き、男性も観念的にはパートナーシップを拒否できない世代です。超高齢化の当事者として、後輩にかつてない負担をかける男女でもあります。この世代が地縁、血縁を超えて、子育てに戸惑う若い父母を支え、先輩や同輩に孫やその親とのつきあい方を教えられるかどうかが、新たなルールづくりの鍵です。さらにそれが自らの老いを支える介護支援ネットワークづくりの基盤になることも指摘しておきます。

（馬居政幸）

Q9
エンゼルヘルパーってなぜできたのですか。また，どのようなことをしてくれるのですか。

A　例えば，筆者の勤務する浦安市では平成9年度に「うらやすみんなで子育てプラン」を策定しました。その調査の中で，子育て世帯の父母の悩みとしては，「子育てで感じる肉体的な疲労や負担」が最も高く，特に「産後の手伝いをしてくれる人がいない」「小さい子どもがいて，自分の通院もままならない，自分の体のことは二の次にしている」という母親の切実な声も聞かれました。

　高齢者の介護にはヘルパー派遣制度がありますが，子育て中の家庭には，身近に手伝ってくれる人がいない実状の中で，地域で支援していく必要があるのではないか，そんな思いを事業化したのが，エンゼルヘルプ事業（エンゼルヘルパーの派遣）です。

　市が独自にヘルパー養成講座を開催し，ボランティア精神の高い，子育て経験のある市民を「エンゼルヘルパー」として採用しました。当時，子育て支援のヘルパー制度という考えがなく，こうした地域社会で必要とされる制度などに必要となる資格を，各自治体で創設できるようにすることも必要と考えたからです。

＊　　　＊

　エンゼルヘルパーを利用できる人は，就学前の子どものいる家庭で，①保護者が病気やけがで一時的に子どもの世話ができない，②つわりや切迫流早産で子どもの世話ができない，③産後2か月まで，家事や保育を手伝ってもらえる人がいない，④通院の間，子どもをみてほしい場合などです。

　援助の内容は，子どもの保育や沐浴，買い物や調理，掃除，洗

〈エンゼルヘルパーの役割〉

濯などの日常的な家事を行っています。

　派遣時間は，年末年始を除く午前9時～午後5時の間を原則とし，1回の派遣につき2時間まで，1日につき午前，午後の2回までで，利用料は1時間に500円です（事前予約，当日も可）。

【利用者の声】

▶子どもを預けることに母親として，なかなか決心することができませんでした。制度を利用せずにすべて一人で行い，何度も体調を崩しつらい毎日でした。エンゼルヘルパー制度ができてから何かあったら頼むことができるという安心ができました。

▶病弱な私には待ちに待った制度でした。病気のストレスから子どもに当たっていました。

▶他人が家の中に入ることに少し抵抗がありました。前もって家を片づけないといけないので負担に思うこともあります。

▶近くに実家がなく，親戚もなかなか頼れないので，エンゼルヘルパーの派遣制度は大変助かりました。初めてお会いする方でしたが，みなさん明るく"主婦はこうでなくちゃ"と思うこともありました。ちょっと大変だなと思う子育ても，楽しくやっていかなければと，産後でも前向きに考えられよかったです。

▶ヘルパーさんが先輩として家事や子育てのやり方の見本を示してくれるので勉強になりました。

▶ヘルパーさんのさりげない気配りやちょっとした気遣いに精神的に癒されました。

▶〈最近きたお礼のお手紙より〉　この度は産後のお手伝いをエンゼルヘルパーのみなさんにしていただき大変助かりました。お願いする前は埃だらけの家にあがっていただくことやわが家のヨレヨレの洗濯ものを見られることに少し抵抗がありましたが，背に腹はかえられないので来ていただいたところ「浦安のどこからこ

Q9

んないい人を集めてきたの？」と不思議に思うくらい，感じの良い何でもテキパキこなすスーパーウーマンが入れ替わり，たち替わり来られ本当に助かりました。四歳の娘のプレスクールの送り迎え時に，生まれたばかりの下の子をお願いできたことで，娘との２人の時間を少し持て，上の子のメンタルな面のフォローもできました。「遠くの身内より市内のエンゼルヘルパーさん」という感じです。「今日は誰が来るかな？」私たち母と娘の楽しみになった頃期限がきてしまい何だか淋しいような気がしています。娘にいたっては「○○が赤ちゃんを産めばまたヘルパーさんが来てくれるかな？」と作戦を練りはじめました。体力だけでなく気も遣う大変なお仕事だと思います。エンゼルヘルパーの皆さんのご健康と制度のますますの発展を願いとり急ぎお礼のお手紙まで。本当にありがとうございました。

【ヘルパーの声】

▶ 毎日のように虐待，親子相互の殺人など，家族間でお互いを傷つけ合う，残念なニュースが流れています。昔と違い狭い人間関係，密室が増え，他人が入り込む余地が少なくなっている現代です。そのような時代に「エンゼルヘルパー」という制度は必要不可欠だと思います。今までは外で働く母親の方へは目が向けられており，まだ不完全とはいえ，制度も整備されつつあります。その一方専業主婦と呼ばれ，子育てを一身に背負い家の中で子どもだけと向き合っている母親たちには，責任だけは大きく課せられていますが，支援がほとんどないのが現状ではないでしょうか。孤独の中で他人の助けも借りずに（パートナーの協力さえも望めない），一人きりで子育てを頑張る母親たちがSOSを出しやすく，それを受け止める「エンゼルヘルパー」という制度は社会が必要としている大事な仕事だと思います。

....〈エンゼルヘルパーの役割〉

▶エンゼルヘルパーが訪問するお宅は，お母さんと子どもだけで昼間を過ごす場合が多いので，お母さんへの声かけ，大人としての会話をするよう心がけています。また，子どもさんの良いところを見つけたら，できるだけお母さんに伝えるようにしています。

▶一人のヘルパーでなく交代でお宅を訪問するので，お母さんにとってはいろいろな人の意見が聞ける良い機会だと思う。

▶ヘルパーの仕事を終え，退宅時，「ありがとうございます。助かりました」と，笑顔でお母様に言われたり，また，街中で元気になったお母様や成長したお子さんを見かけると，自分の身内のことのように嬉しくなります。この仕事を通じて，自らの子育てを振り返り，現在の子育てにおける問題点を学ぶことで，自分自身の勉強にもなり，ありがたく思います。

＊　　　＊

　少子化を迎え，これからは父母の育児力を高めることだけでなく，地域の応援組織をたくさんつくることが子どもを豊かに育む基礎づくりになると思われます。いざという時に誰も頼れないという孤立感や不安感を抱かず妊娠，出産，子育てに臨めることは，親にゆとりを生みます。エンゼルヘルパーは同じ地域に住む子育て経験のある先輩者として自分の体験談を交え，母親の話を聴きながら子育てを支援することで，身近なところで"安心"して子育てができるようにしています。また，市民相互の"支え合い"のある地域社会を目指す一翼を担っています。

（伊藤敏一）

Q10
病児保育，病後児保育ということばを聞きますが，どういったものですか。

A　病児保育，病後児保育とは，乳幼児が病気で集団保育に通うことが困難で，保護者が勤務などの都合により家庭で育児を行えない場合に一時的に預かり，看護保育する制度です。病児保育は病気の急性期の保育も含みますが，病後児保育は病気の回復期の保育に限ります。熱が出たとか，下痢をしている，はしかにかかったなどで，集団保育に通えない日に，1日単位で預かります。多くの施設が医療機関や保育所に併設されています。

　病児保育，病後児保育は，政府による少子化対策の中で，子育てと就労の両立を支援するための乳幼児健康支援一時預かり事業のひとつとして位置づけられています。子育てと就労の両立には，まず子どもが病気をした時に保護者が看病のために休みを取りやすくすることが必要です。そして次に，保護者がどうしても休めない時のために子どもの預け先をつくる支援策が必要です。

　乳幼児は集団保育に入った当初は，大勢の友達や大人と出会うことで，いわゆる「かぜ」やみずぼうそう，おたふくかぜなどの感染症にかかる機会が増えます。特に保育所や幼稚園に行き始めた半年くらいは，病気でしょっちゅう休んでいる状態になる子どもは少なくありません。そのような時，職場によっては子どもの看病のために休みを思うように取れない場合があります。責任を持って仕事をしている以上，休めない場合も多くあります。例えば，学校の先生が，学級懇談会の日に簡単に休めるでしょうか。経理担当が1人しかいない職場で，給料計算や決算で忙しい時期に何日も休めるでしょうか。3人きょうだいが次々にみずぼうそ

……………………………………………〈病児保育・病後児保育〉

うにかかる時，休み続けることができるでしょうか。祖父母，親戚など預ける当てがない場合は本当に困り果てます。このような場合の子どもの預け先として，ベビーシッター，ファミリーサポートセンター，病児保育，病後児保育などがあります。それぞれの事情によって選択できれば，子育てと就労の両立の大きな助けとなります。

　一方，病児保育には他の預け先とは異なった利点があります。少人数の子どもに，看護に慣れた保育士，看護師が対応しますし，子どもが安静を保ちつつ楽しく過ごし，病状に合った食事や水分をとるよう配慮しますので，単に病気の子どもを預かるだけでなく，病気から早く回復するように看護保育することができます。

　米子市のベアーズデイサービスセンターでは病児保育を平成9年4月に開設しました。定員6名の利用者を常勤の職員3名（看護師1名，保育士2名）で看護保育しています。隣接する小児科医院（谷本こどもクリニック）の小児科医2名が，医療的には責任を持っています。このベアーズデイサービスセンターを始める以前には，子どもの病気の時の対応に困り果てている方のお話をずいぶん多く聞きました。仕事が続けられなくてやめたり，遠方の祖母を何度も呼び寄せたり，仕事が休めず食欲がない子を保育園に登園させ，夕方迎えに行くとぐったりしていて入院が必要となったり。ベアーズデイサービスセンターを始めてから「おかげで仕事を続けられた」という声だけでなく，「病児保育ではよく食べて病気の具合もよくなる」「子どもの看病のしかたの参考になった」などの声を多く聞き，病児保育の利点を再認識しました。社会全体で子育てを支えるためには，子どもが病気になった時の対応のひとつとして，病児保育，病後児保育は不可欠なものと言えるでしょう。

　　　　　　　　　　　　　　　　　　　　　　　（谷本弘子）

Q11
うちの子は5歳で一人っ子です。さびしい思いをしないように育てたいと思います。

A ご質問には、「一人っ子はさびしいもの」という前提があるように感じられるのですが、いかがでしょうか。

「次のお子さんは？」「一人っ子はかわいそう」「一人っ子でいいね」と親にも子どもにも、周囲のいろんな人から「一人っ子」であることが話題にされる。さらに、「わがまま」「社会性がない」「協調性に欠ける」など、一人っ子には問題があるかのように語られることも多いようです。どんな根拠があるのでしょう。

確かにきょうだいの有無やきょうだい関係のあり方は、子どもが育つ期間を通してずっと、また大人になってからも、状況として持続しますから、発達への影響は大きいことが考えられます。といっても、その影響は他のさまざまな要因と絡んでいます。一人っ子であるということだけがある性格特徴を決定づけたり、子どもの今の生活や将来を定めてしまうわけではありません。

子どもは、生まれた時から個性にあふれた存在です。一人の子どもは父親、母親、祖父母、その他たくさんの人々に囲まれて日々の具体的なかかわりを重ねて、発達のプロセスをあゆんでいきます。実際場面で新しい経験をするごとに、子どもは自分と世界とについて学んでいきます。

例えば、ある一人っ子が初めて同世代の子どもと接してうまく遊べなかったとして、それは、「一人っ子はわがまま」だからでしょうか？　ちょっと見守っていましょう。どのように自分を表現したり相手を受け入れたりするといいのかを、実際のやりとりの中で見つけて、すぐに友達と楽しく遊ぶことができるでしょ

〈一人っ子を育てる〉

う。レッテル貼りをしなければ、子どもはその時々の事態に応じて、新しい自分をより自由に発揮するものです。

　きょうだいがいる場合でも、長子は、はじめの数年間は「一人っ子」です。そこに、突然第2子を迎えることになる長子の驚きと喜び、そして世界の様変わり。親の愛情をめぐってきょうだい間の葛藤は子どもにとってしばしば深刻です。

　きょうだいがいないさびしさ、きょうだいがいることによって生じる別のさびしさ、さびしさをまったく感じない育ち方はないのです。基本的には親や周囲の大人からの愛情に包まれている中で、時にさびしさに直面して、さびしさに耐える力、一人でいることのできる力、さらに一人でいることを楽しむ力を育んでいくことは、どの子どもにも大切です。

　両親はいつも私を見ていてくれた。いつでも私が一番で、自分がしたいと思うことはなんでもさせてもらえた。比較されることなく、「私のそのまま」を受けとめてもらった。それが当たり前だった。私は大事に育てられたのだと、いま思う……と語るKさんは一人っ子でした。現在は結婚して3人の子どもを育てながら、保育士として活躍しています。がんばりやで社会性に富み、思いやりにあふれて、たくさんの人から親しまれています。

　子どもは、ある家族のある状況の中に生まれて、その中で育ちます。自分の置かれている状況が子どもの知っているただ1つの世界です。一人っ子だから、末っ子だから、などという固定観念にとらわれることなく、目の前の「この子」に、しっかりかかわってきめ細かい愛情を注ぐ。親も子も楽しく過ごす。そのようなかかわりが、子どもに生涯にわたっての自尊感情と他者への信頼を与え、積極的に世界に働きかけて生きる力へと展開していくことでしょう。

（上原明子）

Q12
育児雑誌にはしつけについてのさまざまな記事が掲載されていて，迷ってしまいます。

A 現代は情報化社会と言われるように，さまざまな情報が日々行き交っています。子育ての方法についても，ほめた方がよいとか，叱った方がよいとか，さまざまな意見があります。また，本来ならば基本的なしつけ，例えば"挨拶"や"脱いだ靴をそろえる"といったしつけは家庭でするものなのに，最近では小学校受験のための塾で教わる子どもたちもいるとか……そういった塾も含めて情報が多すぎるのは，子育て中のお母さんにとっては大変なことでしょう。

しつけというと私たちはすぐに大小便のしつけを連想したり，スパルタ教育のことを考えがちですが，本来しつけというものは，子どもが自分の意志で自分を律することができるように，親が外から与える助けのことなのです。

学習理論の立場からは，オペラント条件づけが子どものしつけに役立つと考えられます。これは，アメリカの心理学者スキナーが提唱したものです。これによると，「快刺激と不快刺激」そして，「与えると取り除く」で4つの組み合わせが考えられます。ここでは紙面の都合上，日常生活において頻繁に生じる2つのパターン（正の強化と正の罰）を説明します。

正の強化とは，望ましい行動が起こった時に正の強化子を与える，例えば動物実験ではエサを与えることです。子どもの場合は，ほめることが良いと考えられます。子どもが一人でオモチャを片づけられた場合を考えてみましょう。親は子どもの良い行動を確認したらすぐに，感情を込めておおげさにほめましょう。そ

……………………………………………〈きまりを学習させる〉

うすると子どもはご機嫌になり，同じ行動を繰り返し行うでしょう。また，子どもは親にほめられることによって，今まで嫌いだった，もしくは苦手だったことも好きになります。ほめることは親が考えている以上に効果があります。なぜなら，子どもはほめられることによって，自分が認められていることを感じ取ることができるからです。そして，その事実が子どもの今後の活動のためのエネルギーとなるのです。

次に，正の罰とは，望ましくない行動が生じた時に正の罰子を与える場合で，動物実験では大きな音などを与えます。子どもの場合には，親に叱られることがこれに該当するでしょう。例えば，子どもがスーパーで次々と棚の物を持ってきた場合を考えてみましょう。そのような場合には，子どもの目を見ながら「家におやつがあるから買う必要のないこと」などの理由を説明し，棚に返すよう促して下さい。なお，中途半端な正の罰子は反応を抑制するどころか，反応を促進してしまう，つまり，子どもの承認欲求を高めてしまいます。小さな子どもは，常に親の注目を期待しています。そんな気持ちをくすぐってしまうことになるのです。だから，叱る時は厳しく叱って下さい。ただし，子どもといえども一方的に叱られたのでは納得がいきません。だから，なぜそれについて今叱られているのかを必ず言語で説明して下さい。

ところで，バーンスタインはイギリスのしつけについて以下のように説明しています。中産階級の親は子どもをしつける際にことばによって統制するが，労働者階級の親は子どもをしつける際に非言語的な手段で統制する。だから，ことば（説明的発話）を使う場である学校でも中産階級の子どもたちの方が，家庭と学校とで異なるコードを使用せざるを得ない労働者階級の子どもたちより学習面で有利となるそうです。

(赤尾依子)

Q13
どんなつきあい方をすれば，上手にテレビを見ることができますか。

A　2002年のNHK放送文化研究所による世論調査（首都圏の615世帯）によると，2～6歳の幼児のテレビ視聴時間は週平均2時間34分。またビデオ利用に関しては，平均利用時間は1日当たり40分。特に低年齢ほど利用時間が長く，2歳児では1週間に83％がビデオに接しており，週平均1日当たり57分の利用時間が報告されています。特に家族のテレビ視聴時間が幼児にもたらす影響が大きく，母親の視聴時間が3時間以上と長いと幼児の視聴時間も3時間を超え，母親の視聴時間が2時間未満と短いと幼児の視聴時間も2時間を切るとあります。

　テレビの普及と同時に，テレビによる子どもへの悪影響を懸念する声が数多く聞かれています。テレビやビデオ視聴が長時間化すると，外遊びの時間が減少し遠くを見る機会が少なくなることから，運動不足や視力の低下などが危惧されているからです。アメリカ小児科学会（AAP）ではテレビを長時間視聴する子どもほど運動不足になり，テレビ視聴中の間食の量も多くなるので肥満になりやすいと報告しています。また，テレビやビデオの情報は一方的に送信されるばかりで，受け手は何ら受け答えする必要がありません。毎日テレビを長時間視聴し続けていると，子どもは人とかかわり合う機会を奪われ，コミュニケーション能力の発達が遅れることも心配されています。

　このようなテレビ視聴態度に対し，2004年2月現在日本小児科学会では，2歳以下の子どもにテレビを長時間見せないよう呼びかける提言をまとめています。2歳という時期については，「2

....〈テレビと子ども〉

歳までは自分の意志で見ているのではなく，親が一方的に見せている状態」だからという理由からです。大人の場合は，テレビ視聴に対し視聴時間や視聴内容を自分で選択することができますが，子ども，特に乳幼児や幼児には選択権はありません。親が見せるテレビを受動的に見ているに過ぎないのです。またテレビやビデオからの情報に対し，受け手の視聴の仕方を送信する側はコントロールできません。大人の場合はテレビからの情報を一方的に受け取ることなく，他の情報などをもとに十分に吟味検討することができます。しかし受け取った情報を客観的に捉え，吟味検討し処理する能力が未熟な子どもの場合，送信する側が意図していない内容を勝手に受け取っている場合があり，テレビ内容による悪影響が問題視されます。しかし一方ではテレビ教材が子どもの学習を助けていることも事実です。P. M. グリーンフィールドによると，テレビのような動画は子どもの注意を引き付けやすく，内容を記憶しやすいと述べています。テレビを上手に活用できれば，子どもの教育に有効に役立てることができます。

　親のテレビ視聴態度は，将来子どもが成長して後に示すテレビ視聴態度のモデルともなるので，親は自分自身のテレビ視聴態度について注意を払う必要があるでしょう。子どもが一人でテレビやビデオを長時間視聴することは問題ですが，家族間のコミュニケーションを促進する道具として活用してはどうでしょうか。子どもとともにテレビを視聴することで，たとえ子どもが誤った情報として捉えたとしても修正することができます。また一定時間テレビを見終わったら必ず消すなど，家庭の中できちんとルールをつくることで，子どもに望ましい生活習慣を身につけさせる良いしつけの機会ともなるでしょう。

〈百々尚美〉

Q14

最近引越してきました。近所に友達も少なく遊びに行くところもありません。家で子どもと2人でいるとしんどくなることもあります。

Ａ　お電話下さってどうもありがとうございます。毎日大変ですね。よかったら一度支援センターに遊びに来られませんか。地域開放日には結構たくさんのママたちが遊びに来てくれているんですよ。私たち職員もいますし，ここできっとお友達もできると思います。お待ちしていますね。

　こんな問い合せが多くなってきている原因を考えてみました。
　私が担当する地域は高層マンションが多く，都市への足の便もよく，保育所，幼稚園，小中高校があり，大型スーパーもあって，大変生活しやすい地域です。また，転入出が多く，若いご夫婦が多く住んでいます。市内でも，子どもの出生率は低い方ではないにもかかわらず，特に乳幼児を子育て中の親は家族という単位で区切られ，家庭の中で手に入る情報が少ないままに毎日を過ごし，さびしさやもの足りなさを感じていることが多いようです。何かのきっかけで地域の支援センター等の存在を知り，遊びに来てみると案外ご近所の人がいてお友達になって帰って行かれ喜んでもらっています。
　昔なら家々の玄関は開かれ，子どもが自由に行き来できていたのに，今は重い鉄のドアが閉まっていて簡単に行き来ができなかったりします。ちょっと出かけるにもベビーカー，子どものおむつや飲み物の荷物を用意し，母子ともに身支度を調えて……となると出かけることにもおっくうになってしまいがちです。また，

……………………………………〈地域社会と親とのかかわり〉

　夫が仕事に行って帰宅するまでは母親一人が子どもに対する責任を負うような気持ちもあり，安全面はもちろんのこと，子どものお行儀や行動が母親の子育て力に比例するかのような周りの目を感じて，子育てへの不安やしんどさを感じるママも少なくないようです。このような住環境の変化や精神的な圧迫感が子育てへの不安を助長していく原因になっていると思います。もうひとつは，安心して遊ばせることができる場所が減ってきたことです。近所の公園でも，必ず親がついていかないと安心できないという世の中になってきています。

　このような現状の中，安心してお友達もできて，何よりお母さんが心をゆったりとして遊べる場所が大切になってきています。何気ないおしゃべりからちょっとした悩みを聞いてもらえたり，答えは見つからなくても「自分と同じことを悩んでいる人がいる」ことに気づくだけで気持ちが楽になったりします。地域にある支援センターや保育所，幼稚園の実施する地域開放や医療センターの乳幼児定期検診が今その場になってきています。このような施設の職員は，子育ての相談に応じたり，ふれあい遊びや手づくりオモチャの講習会など，子育てに役に立つさまざまな企画をしています。親同士が出会う機会を増やすことで自然と参加者同士がつながり，お友達が広がっていくのです。また，来てもらうのを待つばかりではなく，職員が積極的に地域の公園や公共施設などに出かけていき，絵本や紙芝居・手遊びなどをして支援センターのPRをしつつ，"子どもが1歳なら親も1歳です"，"子育てがわからなくて悩むのも当たり前"，一人で悩まないでというメッセージを届けるようがんばっています。

　子どもの笑顔を見るのが楽しいからこそ続けられる子育てになるよう地域で温かく見守っています。　　　　　（矢ヶ崎聖子・原田紀子）
……………………………………………………………………………

Q15
大都市での子育てに不安を持っています。

A 日本では，1960年代以降，都市化が進み核家族が増えており，都市的生活様式が地方都市や農村にまで普及しつつあります。このような社会は，都市化社会とよばれ，経済企画庁の報告書では「都市への人口の移動と集中が進み，都市の果たす役割が増大するとともに，その影響が文化の面との深い関連をもって，都市生活者の間ばかりでなく広く経済全体に波及していく社会」と定義されています。都市化社会の進展は経済的な繁栄をもたらした反面，大都市圏においては人口・産業の集積が高く，高密度の都市活動が営まれていることから，子どもの発達に直接的，間接的にさまざまな影響を及ぼしています。

【対面コミュニケーションが減っていく社会】 都市化社会では人口が集中して対面的なコミュニケーションが成立しやすい環境とも考えられますが，実際には人と人との対面的コミュニケーションの機会を減少させる結果となりました。プライバシーを尊重し，24時間活動する都市型生活では，対面的なコミュニケーション中心では対応できなくなり，生活の多くの側面で機械による自動化が進み，効率よく生活が送れるように機能的で利便性のよい環境が追求されてきました。このような都市化が進む中で核家族化も進行し，身近に育児への不安や疲労を受け止めてサポートしてくれる相手が存在しない状況は，次第に母親自身を孤立させ，育児にかかわるさまざまな問題を引き起こしています。都市化社会では，母親は子育てで困ったことなどがあっても一人で悩みを抱えることしかできない状態を生み出しています。このよう

〈都市化社会と子どもの発達〉

な育児の不安や疲労によりノイローゼに陥り，ついには子どもを虐待してしまうというケースも今や珍しいことではありません。1990年には1,101件であった児童虐待に関する相談件数は，1997年では5,352件と約5倍に，さらに2001年には23,274件と，約10年で20倍に急増しており，児童虐待問題が深刻化している様子がうかがえます。しかしこの数字は氷山の一角に過ぎず，また，虐待の件数だけが増えているのではなく，虐待内容も過激になってきており，子どもを死に至らしめるようなケースが増加しています。虐待を受けた子どもたちは，それがトラウマとなり，その後の精神的な発達にも影響が懸念されます。

　虐待の一方で，過干渉，過保護の問題も生じています。都会では地域で子ども集団をつくることが難しくなっています。これまでは子ども集団での育ちにゆだねていたことを，親がその役割までも果たさねばならなくなってきたのです。親の子どもへのこと細かな働きかけは，子どもの学びにつながっていくのではなく，過干渉・過保護へとつながり，わがままで自主性のない子どもを生み出す可能性があります。こうした虐待や子どもへの過度の愛情の押しつけもまた，子どもの自我形成や社会性の発達にも影響を及ぼしていきます。子どもの健全な身体・精神の発達のことを考えると，もっとゆとりをもって子育てができる支援が必要でしょう。

【都市化社会における遊びの変化】　都市化の進展により都心では広場等が減少し，物理的にのびのびと遊ぶための場所を確保することが困難になっていることが一因して，子どもたちの体格・体力にも影響が及んでいるようです。例えば，文部科学省が行っている「体力・運動能力調査」などの資料をみると，子どもの体格は親の世代を上回っていましたが，逆に体力・運動能力は，昭和

Q15

60年頃から現在まで低下傾向が続いており,親世代よりも子どもの体力・運動能力の低下傾向がみられました。さらに,都市化は子どもの行動範囲や行動の質的な変化をももたらし,対人関係,社会性の側面にも影響しています。小学校低学年から高学年になるにつれて,身体の発達的側面は安定していき,集団生活を通して対人関係,社会性を発達させていきます。一人遊びから集団遊びに移行する過程で,さまざまなルールをおぼえ,対人コミュニケーションのスキルを身につけると考えられます。強かった自己中心化傾向を調整し,他者を思いやる愛他心や共感能力を養う大切な時期なのです。しかし,都市化による生活環境の変化により,集団でルールを決めて遊ぶことや対人コミュニケーションの訓練を兼ねたさまざまな遊びが物理的にも難しくなり,子どもたちの遊びの単調化が進んでいます。特に屋内でのテレビゲームなどの非現実的な遊びにのめり込み,自己中心的な傾向を強める子どもが増加しています。このような状況は,バーチャル・リアリティの中でのコミュニケーションしかできない人を育てる危険性を拡大し,対面的なコミュニケーション・スキルの低下を促進しているようです。

【親子の社会的スキル】 本来,親は対人コミュニケーションにおいて用いる言語的,非言語的な社会的スキルなどを子どもに教える重要な役割を担っていました。しかし,都市化社会で育った親自身が,発達段階の重要な時期に社会的スキルの適切なモデルへの接触や実践の機会がなかったことなどにより不適切な社会的スキルを習得している可能性があります。例えば,社会的スキルが欠如しているために公園で子どもを他の子どもと遊ばせる,いわゆる「公園デビュー」に失敗して,家に引きこもる母親もいます。さらに,親自身が,子どもの頃に体験しているはずの遊びや

〈都市化社会と子どもの発達〉

子どもとの接触経験が乏しいために，他の子どもたちとの適切なコミュニケーションを促進させるスキルを教えることができないケースも見受けられます。特定の社会的スキルが欠如していたり不適切に学習されていたりすると，対人的問題や適応上の問題を引き起こす可能性が増すのです。特に子どもの場合には，引っ込み思案や攻撃性との関係が研究の成果として見出されており，対人関係の希薄化を促進すると思われます。

　このように，都市化の進展は周りの豊かな自然環境を破壊して，交通公害問題，ごみの処理・処分問題，水質汚濁，近隣騒音などの環境問題を生み出しただけではなく，我々の生活環境を変化させ，子どもの発達に影響を与えています。都市では確かに交通手段や買い物などの側面は非常に手軽に便利になってきましたが，その反面，対人的なコミュニケーションが苦手で，表面的・機能的な対人関係は形成できても親密な信頼関係を形成することのできない子どもが増えています。このような側面を改善するためにも，今後はよりいっそう親子ともにそれぞれがうまく社会的サポートを利用できるような環境を構築することが必要と思われます。特に家族成員や友人など，親密な他者から提供されることが望ましい情緒的サポートをうまく活用していく環境の構築が重要です。また，親自身が社会的スキルが未熟でそのような関係の構築が困難な場合には，インターネット上で公開されている有益な情報を参考にしたり，相談を受けつけているサイトを活用することも有効と思われます。また，保健センターや児童相談所，教育センターなどの専門家による社会的サポートを積極的に利用することも必要でしょう。

（箱井英寿）

Q16
がまん強い子とキレやすい子，なぜそのような違いが出来上がるのでしょうか。

A 机の上にあるクッキーに手を伸ばしかけたら，お母さんがダメだといって戸棚に片づけてしまった。「どうして？」
　当たり前のことですが，自分が欲しいと思っていたものが目の前で取り上げられてしまったり，自分の行動が途中で妨害されたりすると，大人でもムカッとくることがありますから，小さな子どもはなおさらです。このような時に発生する心の状態を心理学では，欲求不満（フラストレーション）と呼んでいます。
　ところが，最初は目標の達成が妨害されると泣き出していた子どもが，だんだんがまんができるようになってきます。ただこの時，幼い時からがまんができる子どももいれば，がまんができずにすぐに泣き出したりだだをこねたりする子もいますね。どうしてこのような違いが出来上がるのでしょうか。
　Aちゃんはお絵かきをして，お母さんから上手にかけたねとほめられました。Bちゃんもお絵かきをしましたが，お母さんはお料理に忙しく，「そう」と言ったきりで無視しました。AちゃんとBちゃん，どちらの子どもが自分の行動に自信が持てるでしょうか。当然，Aちゃんですよね。
　嬉しい体験をすると，子どもは次も喜んでその課題にかかわろうとするでしょう。逆に無視されたり，「あら，やだ，もっと上手にかけないの？」なんて言われると，同じ課題をするのを避けるようになるでしょう。要するに動機づけですよね。
　心理学では，ある行為をほめたり，褒美をあげたりすることで本人を満足させ，同様の行動を再現しやすくすることを「強化」と

....〈感情耐性〉

名づけています。やる気は、作業の持続が強化された結果形成されたと考えるのです。そして、成長するにつれて周囲からの強化からだけでなく、自分自身が行う作業それ自体に喜びを見出すようになっていきます。では、逆に飽きてくる要因は何でしょうか。

「飽きること」は心理学では「心的飽和」と呼ばれています。どれだけ集中できるか、また飽きやすいかは、課題に対する意欲の強さや、彼らにとってどのくらい難しいかに影響されます。おけいこ事を始めた場合を考えてみましょう。もちろんいやいや始めるなら長続きはしませんが、逆に意欲満々で、なおかつそのことに大いに興味をもって練習を始めても長続きしない場合もあります。上達した状況と、無力な今の自分との間のギャップを思い知るからです。オズグッドによれば、本人にとって中程度の難しさで、かつその課題に対する意欲も過剰でない時に最も達成度が高く持続もすると言われています。両親や保育者など周囲の大人たちが子どもに対して適切な課題を見つけてあげ、子ども自身が行っている作業が望ましいものであれば、タイムリーにほめて成功体験をさせることが重要でしょう。

さて、子どもだけに限りませんが、欲求不満になった時引き起こされる行動は3つあるといわれています。一番出やすい行動は、些細なことでキレてしまい、暴れたり叫んだりする行動です。心理学ではこれを「欲求不満─攻撃」といいますが、一般的には暴力と理解していいでしょう。表に出る暴力だけでなく、裏で隠れてする暴力（弱いものいじめや動物虐待）もあります。

2番目は「欲求不満─退行」といわれる行動です。欲求不満になると、ぐずったり幼児ことばをしゃべったり、自分でできていたことでも「お母さん、して！」と依存が強くなることがあります。

3番目は「欲求不満─固着」といわれる現象です。ある特定の

Q16

「物」にこだわったり（固着），あるいはささいなことを気にして悶々と悩んだりする（執着）ことです。

　いずれの行動も，目の前にある問題解決にはつながりません。問題が解決しないのですからますます自信がなくなりますし，自分をそのような状況に追い込んだ周囲への不満が強まったりもします。このような困った行動が出ないよう，どの程度まで欲求不満に耐えられるか，そこには非常に大きく個人差が反映されます。

　ローゼンツヴァイクは，小さい頃から適度なフラストレーションを経験すると，子どもは欲求不満に耐える力を獲得できると考え，これをフラストレーション耐性と名づけました。もちろん周囲の大人たちが，子どもに対して適切な対処方法を明確に示してやることも必要です。逆に子ども時代に，あまりフラストレーションを経験しなかった場合はどうでしょうか。大人になってもこれを適切に処理する方法がわからず，不適切な行為に走りやすいと考えられます。ですからフラストレーション耐性の獲得にはがまんをさせることが大切なのですが，がまんをしたらあとでいいことがあったという経験がその力を強くしますから，何らかの報酬につなげてやることが大切なのです。

　我々の行為には種々の感情が伴います。成功すると喜びや満足といった望ましい感情を経験しますが，失敗した時には落胆や悲しみ，不安といった不快な感情を経験します。特に，失敗が強い不快な感情を伴う時には注意を要します。例えば，怒りを表現した時に大人が強化を与える（子どもが積み木がうまくできなくて怒った時，お菓子を与えてなだめるなど）と，子どもはますます攻撃的な性格になることはいうまでもありません。

　悲しい例もあります。子どもにとって適切な課題があり，意欲も適切だとしましょう。せっかくやる気になっている子どもに対

〈感情耐性〉

して、両親や保育者の気まぐれで、同じ行為が時には叱られ、また時にはほめられたりする状況にあったらどうなるでしょうか。子どもの立場からすると、まったく同じことをしているのに、なぜほめられたのか、またなぜ叱られるか理解できなくなり、混乱します。両親や保育者の、このような一貫性のない態度が原因で、子どもの意欲はなくなり、落ち込んでいきます。セリグマンはこれら望ましくない感情が経験によって学習されることを「学習性無力感」と呼びました。ほめられる、あるいは叱られるのどちらもあり得るのですが、自分自身で自分の行為をコントロールできなくなることが問題なのです。叱られるだけでなく、叩かれるなどの身体的虐待が伴う場合はいっそう悲劇的になります。鬱病患者が経験する感情状態との関連も指摘されています。このような極端な負の感情にさいなまれる状態を、特に「学習性絶望」ということもあります。小さい子どもを養育・教育している両親・保育者などに求められるのは、ほめるにしろ叱るにしろ、子ども自身の行為とほめられる、叱られるといった結果の間に明確かつ一貫した関係があることを彼らに学ばせることでしょう。

遠くない昔、大人たちは「がまんすればいいことがある」を当然と考え、子どもにも積極的にそう教えてきました。ところが、現代は「がまんしない、あるいは不満を言うことがいい結果をもたらす」という考えに軸足が移っていると思えます。キレる・無気力になるといった感情処理に問題を持つ子どもの増加には、彼らに接する大人の育て方のありようが変化してきたという社会的背景もあるかも知れないのです。子どもに対し、失敗経験も含めてがまんすることによる成功体験を小さい頃から多く学ばせる。このような育て方が再び見直されようとしているのではないでしょうか。

(藤村邦博)

Q17

「子どもは育て方次第」と言われますが，本当でしょうか。才能を伸ばしてやるにはどうすればよいでしょう。

A 確かに子どもには持って生まれたそれぞれの才能があります。むしろ，才能が目立たない子どもの方が少ないといえるかも知れません。ある子は虫好きですし，またある子は色彩感覚のセンスがあったりします。それを準備しているのが遺伝子であることも，これまたみなさんご承知のことと思います。

遺伝子というのは不思議な存在です。ただ遺伝子は，それ自体が単独で働くわけではありません。常に環境との相互作用で働きます。ですから才能を持って生まれてきても，それがすくすく伸びていく子どもと伸び悩む子どもができてしまいます。人間の個体発達というのは一筋縄ではいかないのです。

でも，自分の子どもに備わっている（可能性がある）能力を伸ばしてやりたいと思わない親はいません。そこで早期教育に取り組むわけですが，早期教育はむしろ失敗に終わることの方が多いのも不思議ですね。でもどこがいけないのでしょうか。私はそれは，気質というものが十分に理解されていないことに起因すると考えています。

C. クロニンジャーというアメリカの心理学者がいます。彼は人間には，「新奇性追求」「損害回避」「報酬依存」，それに「固執」という4つの気質特性があって，その組み合わせがパーソナリティであるという，いわゆる性格の類型論を提唱しています。彼の説が今までの類型論と異なるのは，それぞれの気質特性が，

……………………………………………〈子どもの気質と環境〉

脳で情報処理に携わる神経伝達物質に関連して仮説されていることです。

　例えば人類の第11番染色体には，通称D4DRと呼ばれる，ドーパミンの受容体の数を決定する遺伝子があります。ドーパミンは報酬系に作用する伝達物質ですから，受容体の数が多ければ，ドーパミンを行きわたらせるためにより多く，また強い刺激を求める行動につながります。つまりD4DRの繰り返しが多いと，好奇心を燃やして新奇な課題に挑戦していくパーソナリティが形成されるのではないかと考えられています。

　でも問題は，気質はその人の人格を構成する要素の一部でしかないところにあります。しかも個人の行動の基礎部分を担う気質は，発達の過程でさまざまに修飾されます。例えば4か月児で恐がりの子ども（損害回避気質の子）の1/3は，大きくなってもその性質を受け継いでいます。でも残り2/3の子どもは，大きくなるまでに恐がり傾向を克服していくのです。

　ですから結論的にいえることは，子どもの行動傾向を伸ばすも摘むも，育て方次第・環境次第だということです。たとえば恐がりの子どもに対して親が，これを克服させようとして過剰に恐怖刺激に曝すと，子どもはますます恐がりになることもあるのです（負の強化）。したがって子どものもって生まれた才能を伸ばすためには，保護者や教師がその子どもの気質全体をよく理解していることが必要です。体罰を与えたり，過剰に報酬を与える教育もよくありません。環境を整えた上で子どもの興味の向く方向を黙って温かく見守り，ことばでほめる。それが，才能を伸ばす教育に必要な態度なのです。待つということは難しいことですが，ここはひとつ，信じて待ちましょう。

（荘厳舜哉）

Q18
新築マンションに転居しました。もうすぐ4歳の長男は友達がありません。

A 子どもが生まれたから，子どもが2人になったから，もう一部屋広いところへと，子育て期の家族はしばしば移動する局面を迎えます。不慣れな土地で生活の再スタートですね。子どもにとってもお引越しは，嬉しい反面，環境の激変に戸惑いや不安もまた大きいものです。

3〜4歳というと，仲間と遊ぶことが楽しくなってくる年頃。どうすれば早く友達を見つけることができるかと気がかりな親心は当然です。かつては「どこからきたの？」と声をかけて遊びに誘う，ガキ大将に代表されるギャング集団がどの地域にも存在しました。その異年齢集団の中で，子どもは年長児の行動に興味を持ち，夢中になって同じことをしてみます。一方，年長児は年下の子どもからの憧れと賞賛を受けて自己肯定感を得ます。また発達や力量の異なった子どもたちが一緒に遊ぶには配慮や工夫がいることに気づきます。しばしばトラブルや危険に出合いながらも，それを自分たちで解決し，社会生活のルールや対人関係の機微を体得していくのです。このように異年齢交流は，どの年齢の子どもにも，自我や社会性を育む上で非常に大切です。

ところが，この2，30年の間に，少子化・高齢化が急速に進み，家族のあり方や，人の暮らし方などが大きく変化しました。例えば全世帯の中で児童のいる世帯は昭和50年には53％でしたが，平成13年には28.8％（国民生活基礎調査）になっています。子どもの絶対数が減った上に遊び場所の減少，遊びの変化などが加わって，異年齢の子どもたちの遊び集団が自然発生的に出

〈異年齢集団の持つ意味〉

来上がることが極めて難しくなりました。

　そこで少し発想を変えて，子ども集団を含んだダイナミックな対人交流を，親がつくりだす方法を考えてみましょう。

　まず「すでにある」親の対人関係に目を向けて，親戚の家や，お母さんやお父さんのお友達の家への，子どもたちのお泊まり遊びはいかがでしょうか。他家には年のはなれたお兄ちゃんやお姉ちゃん，同年齢の子，赤ちゃんなどがいます。家庭それぞれの違いは子どもたちには新鮮です。もちろん，こちらの家にも来てもらいます。まるごとの生活を共にするなかで，子ども同士の豊かな交流が生じます。大人同士の交流も深まりますね，きっと。

　次に「新しい」ネットワークづくりです。今すぐにもできますよ。移り住んだこの町を，親子で探索するのです。いつもと違う道を歩いてみる。町のはずれまで足を伸ばしてみる。公園，児童館，図書館，マーケット，広場。町は変化に富み，思いのほかあちこちに子どもたちを発見できるかもしれません。同じ年頃の親子，自転車に乗った小学生，ベビーカーの赤ちゃん，遊ぶきょうだい。保育所や幼稚園では園庭開放の日が掲示されています。

　さあ，出会った人々と自然な気持ちで挨拶を交わし，積極的に話しかけるといいですね。「ここ」は，子どもがこれから育っていく地域です。お父さんお母さんが一員として暮らす地域です。地域社会は参加して創り上げていくもの。まずはお父さん，お母さんから新しい出会いにワクワクし，地域に愛着を深めていきましょう。

　そのように，心を開いて積極的に他者にかかわる両親の姿は，さまざまな人や異なった文化に出会う楽しさを子どもに伝えます。

　「異年齢集団」「仲間活動」は子どもにとって，そして大人にとっても大切なのです。

（上原明子）

Q19
1歳8か月児です。最近抱っこをせがむことが多いのですが。

A　1歳を過ぎる頃から子どもは一人で立って歩き出します。ころんで痛くても，這うよりも歩きます。ヨチヨチ歩きながら道端で落ち葉を見つけると拾って歓声をあげたりします。自分の身体を移動できる能力は着実に増し，子どもは周りの環境を探索し，自分の世界を広げていきます。しかし自分の世界が広がっていくと子どもは親から離れることが不安にもなるのです。これが1歳後半から2歳にかけての子どもの心の世界です。落ち葉を拾い歓声をあげるだけでなく，親のもとに持ってきて見せ，経験を共有しようとします。しばしば抱っこをせがみます。

　人と人のかかわりである抱っこは誕生以前から始まっているといえます。赤ん坊は胎児として母親の子宮という環境の中で抱えられています。「赤ん坊を取り上げる」ということばが使われているように，この世との出会いの時赤ん坊は人の手に抱えられます。生まれてきた赤ん坊＝乳児は，空腹時のようになにか不快な状態にあると泣きますが，おそらく乳児にはなぜ泣いているのか，どうして欲しいのかわかっていません。しかしミルクを与えられ，あやされ，抱っこされると心地よい快の状態になります。そしてこういった世話は"ほどよい"加減が必要です。ミルクを無理に与えると嘔吐が生じ，あやし過ぎると乳児は刺激を避けようとします。一方"ほどよい"世話を受けることで乳児は不快から快への変化を自分の身体で感じ，自分の感情が育っていきます。快い状態は自分がこの世に存在して大丈夫だという自己と世界に対する信頼感の基礎となり，生を支えていきます。

……………………………………〈抱くことの重要性と共感性〉

　実習で初めて乳児を抱いた学生が「とても柔らかく暖かでびっくりした」「赤ちゃんの匂いがした」との感想を述べているように，乳児は抱っこによってさまざまなメッセージを養育者に送っています。乳児は生後3か月くらいで首がすわります。抱っこも横抱きから縦抱きになります。抱く側の養育者と抱かれる子どもの顔の位置が同じになり，両者はお互いに顔を見ながら，一緒に周りのものを見ることができます。また月齢3か月頃から子どもは自分の手足をいじりだします。子どもが自分の身体像を形成していく始まりです。抱っこも身体像の形成にかかわります。抱きしめられた時，自分の確かな身体を子どもは自分の外からも内からも感じるでしょう。さらに子どもは抱かれながら自分の身体を自由に動かし，抱く側の養育者もその動きに合うように抱いていきます。子どもの方が抱く側の動きに合わせることもあるでしょう。このようなお互いの身体を媒介にした相互関係の中から子どもの共感性が育ち，同時に養育者の方も共感性がさらに深まるでしょう。人はお互いのかかわりの中で生涯を通して発達していきます。

　活発な子，よく泣く子，手がかからないおとなしい子，いろいろな子どもがいます。抱っこの要求や抱っこされた時の行動などにも一人ひとりの子どもの気質や個性がみられます。養育者にはその子どもに適した働きかけをするよう細やかな気配りが求められます。

　質問のお子さんは今1歳8か月，自分の世界を広げようとしています。不安になった時，親のもとに戻り，抱っこによって自分自身を確かめようとしているのです。この抱っこが自分に必要なものであることを，子どもはよく知っているのです。

(竹内和子)

Q20
駅前保育とはどのようなものでしょう?

A 現在一般的に使われている駅前保育という名称は,個人や民間企業が無認可で設置した施設と同じく無認可ではあるが,一定基準を満たした上で,公的機関から助成を受けて設立された駅型保育(こども未来財団補助対象名称)といわれる施設を総称することが多いようです。

なぜ駅前保育が必要とされるようになったのか,その理由は明快です。女性の就労人口が増加し,またその就労形態にも著しい変化が認められるようになったにもかかわらず,大都市近郊の認可保育所が規制にしばられ,いわゆる待機児童を抱え込まざるを得なかったからです。そのような状況の中で,煩雑な入所手続きもいらず,長時間保育や一時預かり保育などに簡便に対応する施設として「駅前保育所」が誕生しました。

最初の駅前保育は,小売や飲食業など,いわゆるサービス業に従事する親たちや郊外から通勤してくる親たちのために,駅近くや繁華街に設置され,時には深夜まで子どもを預かる施設が大半でした。

働く親たちの切実なニーズに応じて開設された駅前保育所でしたが,経営主体は主に個人で,アパートやマンションの一室を借り入れて細々と運営されている施設が中心でした。

こういう状況の中で,いろいろと子どもをめぐる問題も発生しました。一部の利用者が長期間子どもを迎えに来なかったり(長期滞在児童),親が子どもを預けたままで行方不明になったり,あるいは施設が預かっている子どもが死亡するなどの事故も発生

………………………………〈駅前保育，そのプラスとマイナス〉

し，無認可ゆえの負の部分も目立つようになりました。

　このような負の問題が報道されたことがきっかけとなって，当時の厚生省が全国調査を行い，長期間子どもを迎えに来ない親や，預けたまま親が行方不明になったりするなどの深刻な問題に対処するために，乳児院や養護施設の活用を促す「ベビーホテル問題に対応するための乳児院の活用等について」（昭和56・4・24　児発330号厚生省児童家庭局長通知）という通達が出されました。また，設備面の不備等・保育士の人数等の問題に対しては，「無認可施設に対する指導監督の実施について」（昭和56・7・2　児発566号厚生省児童家庭局長通知）という通達が出され，無認可施設であっても一定の基準を満たすように指導を行い，年1回程度の立ち入り調査を行って行政の関与の度合いを強めていきました。

　平成7年には，当時の厚生省の関連団体である児童扶養手当協会（現こども未来財団）により，駅型保育事業に対する補助事業が開始され，駅型保育所が展開され始めました。この補助対象駅型保育所は，従来の駅前保育と違い，保育所の最低基準をクリヤーした施設であり，従来の無認可保育所に比べると保護者が安心して利用できる施設ですが，予算の問題もあり，その数はあまり増えていません。

　行政が，多様化する保護者ニーズに対応しきれているかといえば，まだ残された問題は多いといわざるを得ないでしょう。また現在，延長保育事業や一時保育事業，また，送迎保育ステーション事業などさまざまな取り組みが行われていますが，これらのサービスが本当に，預けられる子どもたちにとって良い保育なのか，子どもの視点で考えてみることも必要だと思います。

（谷　淳司）

Q21
最近，合併型施設ということばを耳にしますが，具体的にどのようなものを表しているのでしょうか。

A 合併型施設とは，基本的に同一敷地内に設置された複数の機能を持ったコンプレックス施設を意味します。保育園と老人ホームが，同一施設内に併存する複合施設もそのひとつです。同じ敷地内に老人ホームや児童館など，性質の違う施設が個々に運営を行っている場合もあります。

ここにみる施設運営の多様性は，それぞれ地域の状況（町村の財政基盤の問題）や施設運営上の利便性から発生したもので，総合的な施策のもとで計画し設立されたものはほとんどないのが現状であると思われます。ですから，幼稚園と保育園，保育園と児童館，保育園と老人ホーム，コミュニティ・センター（公民館）と保育園など，本当に組み合わせは多様です。なかでも現在，最もその数が多いのは保育園と幼稚園の合併施設です。

ところがここに，ひとつの問題が発生します。保育園と幼稚園は同年齢の子どもたちの施設ですので一体化運営には問題がないはずなのですが，所属官庁が異なることで，子どもたちの園での過ごし方や過ごす時間，入園に関する制度が子ども中心の視点ではなく，保護者の就労状況などによって左右されることです。また，必要な職員の勤務資格も異なっており，一体化運営ということばとは裏腹に，さまざまな矛盾が出てきています。

この問題の起源は古く，明治初期にまで遡ります。明治政府は，西欧諸国と競争できるようになるためには人材の育成が重要

....〈合併型施設と子育て〉

であると考え，国民の教育水準を引き上げるため小学校例を発布し，全国に学校を設置していきました。

そのような時代背景の中，明治9年には東京女子師範学校付属幼稚園が開園し，2～6歳の子どもたちが通園しました。この時の保育料は1か月25銭でしたが米価も安くて，米1升はおおよそ4銭でした。ちなみに2年前の明治7年は米価が高く，2倍以上の8銭2里でした。それでもなお，現在の保育料や授業料に比べるとかなり安かったのではないかと思います。

その後，働く人の子どもを預かる施設として付属幼稚園に分室が設立され，また内務省管轄の託児所や保育所なども設立されていきました。今でいう合併施設のように，1つの建物・1つの敷地内に幼稚園と保育所の役割が混在していた時期もあったのです。

しかし幼稚園と保育所の役割は，第二次大戦後の昭和22年に施行された児童福祉法によって両者は完全に分断されました。児童福祉法は，親の就労状況や生活環境で子どもたちを画一的に線引し分類したのです。その結果，先に指摘したように活動内容や保育時間に差異が生じることになりました。また，救貧施策の色合いが強かった保育所と，教育施設としての幼稚園とで保護者間に微妙な意識の違いをつくり上げていきました。

しかしながら問題は劇的に変化しました。平成15年度の東京都居住女性の合計特殊出生率が1.0を割り込んだことに象徴されるように，都市部だけでなく農村部でも出生率の減少による子ども人口の減少で，一部の幼稚園で定員割れ現象が生じ始めたのです。さらにまた，社会情勢の変化に伴い女性の就労人口が増加し，仕事に就きながら子育てもするというライフスタイルが中心となり，子どもを長時間保育してくれる施設への需要が高まり，

Q21

保育園へ入りたいが入れないという待機児童の数が社会問題化してきました。

そこで厚生省は平成3年に,「企業委託型保育サービス事業の実施について」(平成3・11・12　児発946号厚生省児童家庭局長通知) という通知を出し,社会福祉法人が空き部屋を利用して行政の措置には無関係に,乳幼児の保育を行うことができる新たな制度を創設しました。

これにより養護施設の空き部屋を利用した企業委託型保育園も開設されました。この園の保育業務を行うのは,養護施設を経営している社会福祉法人が行っています。これも本来の養護施設の機能とは別に企業委託という保育施設の機能を併せた合併施設といえるでしょう。小学校3年生までの小学生を対象に授業終了後に卒園児の保育を行っている保育所もあります。さらには,仕事と子育てを両立させたいという幼稚園児の母親が増加し,学校教育法に規定された4時間の枠を超えた居残り保育を実施する幼稚園も増えています。

幼稚園で行われている居残り保育を他の民間業者に委託する園もあり,保育をビジネスにする企業や人材派遣会社の存在もクローズアップされてきています。さらに政府の諮問機関から提出された幼稚園・保育園の一元化問題は,保育園の待機児童の増加問題や幼稚園の定員割れ問題を踏まえ,平成17年度には幼稚園と保育園を一元化したモデル施設「こども総合施設」が全国で30数か所開設されることとなっています。

以上のように,合併施設の持つ複雑性について説明してきましたが,このようなさまざまな施設が合併で誕生する背景には,昭和40年代後半から50年代前半にかけて建設された保育所の建て替えを機に,高齢者人口の増加に伴い老人ケアー施設などとの併

〈合併型施設と子育て〉

設を促す行政指導があります。

　老人と乳幼児の交流の促進を図るという視点からみれば，これは大変ユニークな試みですし，地域のコミュニティが機能するためには大変重要な施設です。祖父母の年齢の大人とふれあう機会が少なくなっている現在の子どもたちにとって，お年寄りとのふれあいは多様な人間関係を学ぶ良い機会ですし，文化の伝承にもつながります。お年寄りにとっても子どもたちの若いエネルギーに接することで心理的に若やぐ効果も出てきます。

　ところでここに示された施設の多様性は，土地の有効利用のように単に効率化を図る観点から促進されたケースもありますが，実は住民の多様なニーズに行政の施策が対応できず，制度の整理が必要な時期に来ていることを強く示唆しています。

　実際に利用してみればわかることですが，例えば建設補助金の出所が異なるために，同じ建物でも幼稚園と保育園にそれぞれ入口があったり，真ん中にある小さなフェンスで運動場が形式的に区切られるといった縦割り行政特有の弊害も見受けられます。

　しかし一番の問題はなんといっても行政サイドに子どもの視点・利用する親の視点がみられないことです。時代遅れの法体系に縛られ，補助金の無駄遣いや非効率な運営など，必ずしも現場の意見が反映された運営がなされているといいかねるのが実情なのです。

　少子化の現在ですが，子どもを持つ親たちが望むのは，児童手当というばらまき施策よりも，子どもを安心して預けられる施設の拡充です。若い人々のなかには子どもは不用であると言い切る人達もいますが，子どもを安心して産み育てられる社会環境が整備されれば，その人々も子どもを産み始めるでしょう。

（谷　淳司）

Q22
「保育の出前」とはどのようなものでしょうか。地域社会とのかかわりはどうなのでしょう。

A　核家族化，地域社会での人間関係の希薄化などにより，育児文化の伝承がなされにくく，家庭や地域社会における教育力が低下している現代，子育ての専門機関である保育所による「子育て支援」事業が注目されています。

しかし一方では，そのような支援の場があることを知らなかったり，自ら出向いて参加する時間のゆとりがなかったりして，一人で悩み続けている親もいます。

そこで，保育所そのものが地域や家庭に出かけていって，子どもとのかかわり方や子育ての楽しさ，喜びを伝えようという取り組みがなされ始めました。

それが，「保育の出前」です。

「保育の出前」とは，平成7年に富山県社会福祉協議会が「子育て支援ボランティア事業」としてスタートさせた子育て支援活動です。富山県にある黒部愛児保育園の岩井恵澄園長が提唱したのをきっかけに始まり，現在では他の都道府県にも広がりつつあります。

近年，子育てといえば「お金がかかる」「自分の時間がなくなる」など，マイナス面ばかりが強調されがちで，それが少子化に拍車をかけてしまっています。しかし，保育の出前は，保育士が自分たちの仕事を通じて日々実感している子どもの素晴らしさを，若者や子育て中の親などに出張配達してくれる活動なのです。これによって少子化に歯止めをかけ，子育てを楽しめる社会環境をつくり，児童虐待防止に貢献することを主なねらいとして

……………………………………………〈出張保育と地域社会〉

います。

　保育士2，3人が地域や家庭に出向き，専門的知識や技術を生かした遊びの実演を行います。時間は30分程度で，会社の昼休みや就業後の時間，コミュニティでの集会のちょっとした時間を利用するなど，参加者にとって負担にならないように配慮がなされています。

　出前をする先は，親子サークルなど子育てに関するグループ活動を行っているところや，公民館，学校，児童館など，子育てに関する取り組みを検討している地域や企業などで，主な活動内容は次の通りです。

① 身近にある材料を使って手作りの遊具を作り，家庭で子どもと一緒に楽しめる遊び方を紹介する。
② サークルや家庭で笑いが広がり会話が弾むような運動遊び・手遊びを紹介する。
③ 子どものしぐさや遊びを通して子どもの発達段階を理解するポイント，子どもが求めているかかわり方など，子ども理解につながる具体例を紹介する。

　親子が一緒に遊ぶ「方法」を伝授するというよりも，参加体験型の講習を通じて，子どもと一緒に遊ぶ「楽しさ」を知ってもらおうという試みです。中高生から高齢者まで，年齢層に制限はありませんが，企業や公共施設で行う場合は，特に若い男性の積極的参加を呼びかけているそうです。子どものいない独身の人からも「子どもができたら一緒に遊びたい」「自分が小さい頃，親に遊んでもらったことを思い出した」などの声が多く寄せられ，楽しく参加している様子がうかがえます。

　現代の若い夫婦が子どもを持たない理由として「子育てはお金

Q22

がかかるから」という意見があります。また，「少なく産んで，お金をかけて丁寧に育てたい」という考え方をする親もいます。

でも，この「保育の出前」で紹介される遊びは，お金をかけないものばかりです。

例えば先ほど紹介した活動内容のうち①の例として，新聞紙を使った遊びがあります。

棒のように細く丸めて，お父さんが両端を持っていてあげれば，丈夫な鉄棒の出来上がり。小さい子どもならぶらさがっても大丈夫です。

それ以外にも，丸めた新聞紙の棒は綱引きの綱代わりにすることもできます。大人が棒を縦にして持ち，合図で放して，床に落ちる前に子どもがつかむ，という遊び方もあります。

親子それぞれが広げた新聞紙の上に乗って向かい合って立ち，ジャンケンをして負けた方が1回ずつ新聞紙をたたんでゆきます。たたむごとに小さくなってゆく新聞紙から先に足が落ちてしまった方が負けです。楽しみながらジャンケンのルールを学び，手の器用さや平衡感覚を養います。

ほかにも，牛乳パック，ナイロン袋，風呂敷など，家に帰ってすぐにできそうな，身近なものを使った遊びがいろいろ紹介されます。ハンカチやタオルを使った遊びは，バスの中などのちょっとした時間でも手軽にできて，子どもを退屈させずに過ごせるので便利です。

②については，「トントントンひげじいさん」「おちゃらかホイ」のような昔ながらの手遊び歌が喜ばれます。地域のつながりが希薄化した現代では遊びの文化を伝承する機会も減り，最近では「いないいないバー」を知らない親もいるのだそうです。

③は，いろいろな年齢の子どもが描いた絵を紹介しながら子ど

〈出張保育と地域社会〉

A. ボランティアセンターに依頼があった場合

```
市町村              ②ボランティアの       市町村等の       ③活動を依頼する    ボランティア
ボランティア        選定を依頼する       保母の会組織等                    保育所
センター            ⑥報告する                         ⑤報告する        ④調整の上活動を
                                                                      実施する
         ①電話等で申し込む
         地域のグループ・団体・企業等
```

B. 保育所に直接依頼があった場合（活動が対応できる場合）

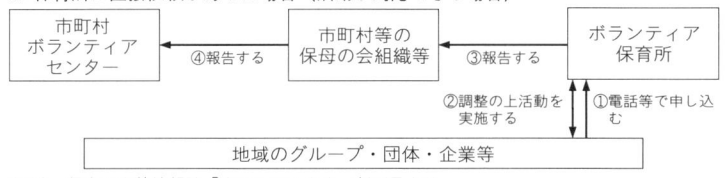

```
市町村                      市町村等の         ③報告する      ボランティア
ボランティア    ④報告する    保母の会組織等                   保育所
センター                                    ②調整の上活動を   ①電話等で申し込む
                                            実施する
         地域のグループ・団体・企業等
```

出所) 保育の出前情報誌「すかんぽとやま」創刊号より

■図　「保育の出前」ボランティア派遣手順

もの成長の素晴らしさを伝えたり，保育士が保育所で実践しているような子どもへのかかわり方のコツや挨拶・食事・排泄・睡眠などに関するしつけのコツを教える，というような子育てのミニ講座です。

「保育の出前」を行う保育士はこの活動を通して自分たちの保育を見つめ直し，保育の質を向上させたり，保育所の機能の一側面を地域に理解してもらうきっかけを得ることができるので，ボランティアする側にとっても多くの収穫があるといえます。

このような活動が全国に広まることが期待されますが，現時点ではこの活動が保育士の就業時間外のボランティア活動のみによって成り立っているところが問題点です。補助金など制度上の保障のあり方について一考する必要がありますが，まずはボランティア登録者の自主的活動を支援するための組織づくりが重要な課題であると言えるでしょう。

(矢藤優子)

【資料・1】「子ども・子育て応援プラン」

　「新エンゼルプラン」に代わる新しいプラン（2005年度から2009年度までの5か年計画）として，2004年12月，「少子化社会対策会議」で閣議決定されたものである。この子ども・子育て応援プラン（新新エンゼルプラン）は，これまでの新エンゼルプランが各種の保育対策等の子育てと仕事の両立支援に主眼が置かれていたのに対し，これらに加えて，子どもの育ちという視点や，児童虐待の問題にみられる子どもの育つ環境という視点にも重きを置いて，より幅の広い，総合的なプランとして策定された。

［子ども・子育て応援プランの概要］

○少子化社会対策大綱（平成16年6月4日閣議決定）の掲げる4つの重点課題に沿って，平成21年度までの5年間に講ずる具体的な施策内容と目標を提示

○「子どもが健康に育つ社会」「子どもを生み，育てることに喜びを感じることのできる社会」への転換がどのように進んでいるのかが分かるよう，概ね10年後を展望した「目指すべき社会の姿」を掲げ，それに向けて，内容や効果を評価しながら，この5年間に施策を重点的に実施

【4つの重点課題】	【平成21年度までの5年間に講ずる施策と目標（例）】	【目指すべき社会の姿（例）】
若者の自立とたくましい子どもの育ち	○若年者試用（トライアル）雇用の積極的活用 ○全国の小・中・高等学校において一定期間のまとまった体験活動の実施	○若者が意欲を持って就業し経済的にも自立 ［若年失業者等の増加傾向を転換］ ○各種体験活動機会が充実し，多くの子どもが様々な体験を持つことができる
仕事と家庭の両立支援と働き方の見直し	○企業の行動計画の策定・実施の支援と好事例の普及 ○個々人の生活等に配慮し	○希望する者すべてが安心して育児休業等を取得 ［育児休業取得率 男性10％，女性80％］

	た労働時間の設定改善に向けた労使の自主的取組の推進，仕事と生活の調和キャンペーンの推進	○男性も家庭でしっかりと子どもに向き合う時間が持てる［育児期の男性の育児等の時間が他の先進国並みに］ ○働き方を見直し，多様な人材の効果的な育成活用により，労働生産性が上昇し，育児期にある男女の長時間労働が是正
生命の大切さ家庭の役割等についての理解	○保育所，児童館，保健センター等において中・高校生が乳幼児とふれあう機会を提供 ○全国の中・高等学校において，子育て理解教育を推進	○多くの若者が子育てに肯定的な（「子どもはかわいい」，「子育てで自分も成長」）イメージを持てる
子育ての新たな支え合いと連帯	○地域の子育て支援の拠点づくり（市町村の行動計画目標の実現） ○待機児童ゼロ作戦のさらなる展開（待機児童が多い95市町村における重点的な整備） ○児童虐待防止ネットワークの設置 ○子育てバリアフリーの推進（建築物，公共交通機関及び公共施設等の段差解消，バリアフリーマップの作成）	○全国どこでも歩いていける場所で気兼ねなく親子で集まって相談や交流ができる ○全国どこでも保育サービスが利用できる［待機児童が50人以上いる市町村をなくす］ ○児童虐待で子どもが命を落とすことがない社会をつくる［児童虐待死の撲滅を目指す］ ○妊産婦や乳幼児連れの人が安心して外出できる［不安なく外出できると感じる人の割合の増加］

［子ども・子育て応援プランの特徴］

○保育事業中心から，若者の自立・教育，働き方の見直し等を含めた幅広いプランへ
　※少子化社会対策大綱の4つの重点課題に沿って構成

○概ね10年後を展望した「目指すべき社会の姿」を提示
　※施策の実施を通じて，社会をどのように変えようとしているのか，国民に分かりやすく提示

○「働き方の見直し」の分野において積極的な目標設定
　※育児休業取得率　男性10％，女性80％
　※育児期に長時間にわたる時間外労働を行うものの割合を減少

○体験学習を通じた「たくましい子どもの育ち」など教育分野において積極的な目標設定
　※全国の小・中・高等学校において一定期間のまとまった体験活動を実施し，多くの子どもが様々な体験を持つことができる

○「待機児童ゼロ作戦」とともに，きめ細かい地域の子育て支援や児童虐待防止対策など，すべての子どもと子育てを大切にする取組を推進（子どもが減少する（量）ことへの危機感だけでなく，子育ての環境整備（質）にも配慮）
　※待機児童が50人以上の市町村をなくす
　※子育て家庭が歩いていける範囲に子育て支援拠点を整備
　※関係者の連携体制を全国に構築し，児童虐待死の撲滅を目指す

○市町村が策定中の次世代育成支援に関する行動計画も踏まえて数値目標を設定
　※地方の計画とリンクさせた形でプランを策定するのは今回が初めて

【資料・2】これまでの少子化対策の流れ

(平成16年版『少子化社会白書』を元に作成)

(年)
1990（平成2）　「1.57ショック」＝少子化の認識が一般化

1991（3）　『出生率の動向』を踏まえた対策
「健やかに子供を生み育てる環境づくりについて」
（健やかに子供を生み育てる環境づくりに関する関係省庁連絡会議）

1997（9）　人口推計（1月）の公表
出生率（仮定値）：1.80 → 1.61

1998（10）　「少子化への対応の必要性」に基づく対策
・「少子化に関する基本的な考え方について」
（厚生省人口問題審議会）
・「夢ある家庭づくりや子育てができる社会を築くために（提言）」
（少子化への対応を考える有識者会議）

1999（11）　「総合的な少子化対策」
・「少子化対策推進基本方針」
（少子化対策推進関係閣僚会議）
2000（12）　・「国民的な広がりのある取組みの推進について」
（少子化への対応を推進する国民会議）

子育てと仕事の両立支援などの子どもを生み育てやすい環境の整備

拡充　エンゼルプランの策定（1994(6)年）

拡充　新エンゼルプランの策定

年		
2002 (14)	新人口推計（1月）の公表 出生率（仮定値）：1.61 → 1.39	
2002 (14) 2003 (15)	「少子化の流れを変える」ためのもう一段の対策 次世代育成支援対策の推進 ・少子化社会を考える懇談会取りまとめ ・少子化対策プラスワン 　　　　↓ ・「次世代育成支援に関する当面の取組方針」（3月） 　（少子化対策推進関係閣僚会議） ・「次世代育成支援対策推進法」等の成立（7月）	従来の「子育てと仕事の両立支援」に加え，以下の4つの柱に沿った取組を推進 ①男性を含めた働き方の見直し ②地域における子育て支援 ③社会保障における次世代支援 ④子供の社会性の向上や自立の促進
2003 (15) 2004 (16)	「少子化社会対策基本法」に基づく対策 ・「少子化社会対策基本法」の施行（9月） 　　　　↓ ・「少子化社会対策大綱」の策定（6月）	重点施設の具体的実施計画としての新新エンゼルプラン 子ども・子育て応援プランの策定

おすすめ文献

〈第1章 文化の中の子育て〉

東　洋（1994）『日本人のしつけと教育』東京大学出版会
宮本常一・山本周五郎・揖西光速・山代巴（監修）（1972）『日本残酷物語Ⅰ〜Ⅴ』平凡社
小板橋二郎（2004）『ふるさとは貧民窟（スラム）なりき』ちくま文庫　筑摩書房

〈第2章 ヒトの進化と社会の進化〉

荘厳舜哉（1997）『文化と感情の心理生態学』金子書房
古市剛史（1999）『性の進化，ヒトの進化』朝日新聞社
ウイルソン，E. O.／伊東義昭（監修）（1985）『社会生物学1〜5』思索社
ドゥ・ヴァール，フランス／西田利貞・榎本知郎訳（1993）『仲直り戦術』どうぶつ社

〈第3章 日本の子育ての知恵〉

宮本常一（1984）『家郷の訓』岩波文庫
フロイス，ルイス／岡田章雄訳注（1991）『ヨーロッパ文化と日本文化』岩波文庫
山住正己・中江和恵（編注）（1976）『子育ての書1〜3』東洋文庫　平凡社
ニコライ（1979）『ニコライの見た幕末日本』講談社学術文庫　講談社

〈第4章 子育ての変遷と今日の子育て困難〉

バダンテール，E.／鈴木昌訳（1994）『母性という神話』筑摩書房
（Badinter, E. 1980 Bowlby, J. 1951 *Maternal Care and Mental Health*.

W. H. O.)
榊原洋一（2004）『子どもの脳の発達－臨界期・敏感期』 講談社α新書
大日向雅美（1999）『子育てと出会うとき』NHKブックス

〈第5章　子育ての共有〉

松川由紀子（2004）『ニュージーランドの子育てに学ぶ』小学館
赤ちゃんとママ社編（大日向雅美監修）（2004）『企業と育児をつなぐ次世代育成支援対策マニュアル』
大日向雅美（2005）『「子育て支援が親をダメにする」なんて言わせない』岩波書店
長坂寿久（2000）『オランダモデル』日本経済新聞社

〈第6章　子どもの保育環境〉

藤崎春代・常田秀子・西本絹子・浜谷直人（1992）『保育のなかのコミュニケーション―園生活においてちょっと気になる子どもたち』ミネルヴァ書房
小西行郎（2003）『赤ちゃんと脳科学』集英社新書　集英社

キーワード索引

あ行

愛着　10
アウストラロピテクス　22〜23, 30
アカ族　31
アシュレリアン礫石器文化　24
遊び　16〜17, 20, 125, 156〜159, 163, 203, 212, 224
アトラハーシス叙事詩　45
アレンの法則　25
安全愛着基地　7〜8
家　74
育児ストレス　120, 167, 184
育児ノイローゼ　110
育児不安　110, 120, 126, 154, 203
いじめ　78, 99, 111, 146
一妻多夫　51〜52
一夫多妻　31〜32, 51
1.57ショック　114〜115, 133〜134
遺伝子　33〜34, 210
遺伝子共有率　33, 34
異年齢集団　15, 143, 212〜213
インドネシアの子育て　12〜13
ウエルニッケ野　43
嬰児殺し　47〜48
駅前保育　216
エジゴ（嬰児籠）　9
エレクトス　40
エンゼルプラン　114〜116, 120, 181
エンゼルヘルパー　188〜191

オーストラリア・アボリジニの言語　36
お姉さん行動　19
お針屋　64
オランダの「1.5稼働モデル」　123〜124
オルドヴァイ礫石器文化　24, 38

か行

カイオワ族のスワドリング　11
核家族　31, 109, 110, 152
学習性絶望　209
学習性無力感　209
学童保育　137
家族　23, 152
学級崩壊　148, 151
合併型施設　218
カメルーンの子育て　8〜9
仮親　103, 104
気質　210〜211
基本的信頼感　151
虐待　172〜175, 203
教育費　4, 53
共感　35, 91, 155, 163
共感性　8, 10, 215
共同注意　162
義理　75, 76, 77
グゥイ族　39
グシイ族　12
くるむ文化　11
クロマニヨン人　25, 41
クン族　38〜39

計画性スキル　20
ゲゼルシャフト　14〜15
血縁選択理論　33
ケニヤの子育て　12
ゲマインシャフト　14〜15,57,81
ゲーム脳　162
原始反射　9
公園デビュー　155
高貴な野蛮人　5
工業化社会　3
合計特殊出生率　49〜50,53〜55,
　115〜116,219
行動主義心理学　5
コォ族　38
互恵的利他性　7,34,77
心の教育　149,150,162
心の発達　35
コジン主義　85
孤育て　100,113
子育て　8
子育てサークル　170
子育て支援　113〜115,117,123,
　126〜130,132,168,180〜181,
　183
子育てへの不安　201
ことば　35〜36,40,42〜43
子ども観　5
子ども組　16,104

さ行

ザイール　31
サカイ族　36
三歳児神話　96,184
自己チュー児　148,149,153
シナプス　42,43
自閉症児　8
「滲み込み」型教育モデル　61
社会基本法　112
社会構成主義　12
社会生物学　51,75

社会的スキル　17,20,86,145,
　152,163,204〜205
集合主義　73
出生率　5
小1プロブレム　147
少子化　93,116,118〜120,132,
　154,157
情報化社会　3
女子教育　60,62
新エンゼルプラン　115〜117
心学　62
スカベンジャー　24,30
ストレス　88,99,177
ストレス（育児）　120,167,184
スポック博士の育児書　5
スワドリング　10,11
性格の類型論　210
性選択理論　29
性的二型　28
正の強化　196
正の罰　197
性別役割分業　97,100,104〜106,
　110,114,176,186
生理的早産　27
世間　6,72〜73,75,77〜78,81,84
説明的発話　197
セマン族　36
専業主婦　10,95,97,106
早期教育　60,210
総合施設　133〜134

た行

「タブラ・ラサ」モデル　5,12
団塊の世代　187
男女共同参画社会基本法　112
男女の脳　178
チャット　39
直立二足歩行　22
通過儀礼　16
つつきの順位　17

寺子屋　63〜64
テレビ視聴時間　198〜199
どこでもドア　6
トダ（Toda）族　51
ともだち親子　156
ドリオピテクス　21〜22

な行

内的ワーキングモデル　89
七つまでは神の内　13
喃語　161
日本的コジン主義　6
ニュージーランドの子育て支援　124〜126
ニューロン　42〜43,109
人間力　90〜91
ニンバ族の婚姻制度　51〜52
ネアンデルタール人　24〜25,40〜41

は行

バーチャル環境　150,156,162
ハーレム型社会構造　28
はだかの子育て文化　11
八分　80
パパ・クォータ　126
パパ・クォータ制度　121〜122
ハビリス　39〜40,43
パプア・ニューギニアの子育て　12
パラサイトシングル　155
パーリ族　51
パリの子育て事情　102
ハンドリガード　164
引きこもり　91,111
非行　93,111
一人っ子　194〜195
病後児保育　192〜193
病児保育　192〜193
不登校　93,146

フラストレーション耐性　208
プレイセンター　124〜127
ブローカ野　42〜43
プロト・ホミニド　23
文化とパーソナリティ理論　12
文化類型論　11
保育所保育指針　147
保育の出前　222,224
包括適応度　31,51
母子相互作用研究　106,108〜109
ホスピタリズム　106〜108
母性愛神話　109
ボノボ　27〜30
ホモ・エレクトス　24,40
ホモ・サピエンス・イダルツ　27
ホモ・ハビリス　23,30,36〜38

ま行

マターナル・ディプリベーション理論　107
マレーシアの言語　36
ミトコンドリア　25〜26
ミトコンドリア・イヴ　25〜26,34
モラトリアム　91

や行

有職の母親　10
"ゆとり"教育　84
幼稚園教育要領　139〜140,147〜148,180
幼保一元化　135〜136
幼保一元論　133
欲求不満（フラストレーション）　206
ヨーロッパ的結婚パターン　45

ら行

ライフスタイル　109〜110,123,130

ラマピテクス 22
離乳 13
離乳食 12,14

わ行

ワーク・シェアリング 123,126

欧文

DNA 25〜26,56
$H \cdot S \cdot S$ 21,27,34,41
NPO 127〜128,132,169

■〈実践・子育て学講座〉第1巻・第2巻の主な内容■

第1巻　子育ての発達心理学（藤永　保・森永良子編）

【第1部　理論編】

1章　人間発達の基本を考える
　Ⅰ　はじめに　Ⅱ　発達における遺伝と環境　Ⅲ　初期発達と人間環境　Ⅳ　育児・しつけ・教育
2章　認知と言語の発達
　Ⅰ　乳児の能力　Ⅱ　認知発達　Ⅲ　言語発達　Ⅳ　知能の消長
3章　社会性の発達
　Ⅰ　社会関係の拡大　Ⅱ　性格の理解
4章　発達と問題行動
　Ⅰ　はじめに　Ⅱ　問題行動の概念　Ⅲ　発達の個人差と問題となる行動　Ⅳ　基本的行動の問題　Ⅴ　不適応行動
5章　軽度発達障害――気がかりな子どもの支援――
　Ⅰ　軽度発達障害について　Ⅱ　LD　Ⅲ　ADHD（注意欠陥/多動性障害）　Ⅳ　協応運動困難　Ⅴ　知的境界領域　Ⅵ　高機能グループ：LD，ADHD，高機能自閉症，アスペルガー症候群

【第2部　Q&A】

Q1　〈知能と知能検査〉知能とはなんでしょう。どのように測る…
Q2　〈反抗期〉4歳になったのに，まだ反抗期らしいものは見られません
Q3　〈早期教育〉早期教育には賛否両論があるようで迷ってしまいます
Q4　〈多重知能〉頭の良さは一通りではないような気がします
Q5　〈思考スタイル〉知能の高さが同じなら問題を同じように解ける…
Q6　〈血液型性格・性格の5大因子〉血液型性格は根拠がないそうですが…
Q7　〈被虐待児〉どこからがしつけでどこからが虐待ですか。その影響は…
Q8　〈摂食障害〉1歳半の次男は食欲がなく，無理に食べさせようと…
Q9　〈常同行動〉1歳6か月の男子です。座ったまま体を前後に動かす…
Q10　〈不器用児〉発達が遅れているとは考えられないのに不器用で…
Q11　〈心の発達〉友達と一緒に行動できず，指示に従うのが難しい子…
Q12　〈整理整頓困難〉いくら注意しても片づけができず忘れ物が多く…

Q13 〈退行現象〉3歳の長女が赤ちゃん返りをして困っています
Q14 〈リスクベイビー〉未熟児で生まれた赤ちゃんの発達は…
Q15 〈性差〉男の子は育てにくいと言われますが…
Q16 〈音楽治療教育〉高機能自閉の可能性があると言われました
Q17 〈性格検査と気質検査,標準心理検査〉性格を正しく知るには…
Q18 〈知能検査〉日本で使われている知能検査にはどんなものが…
Q19 〈発達検査〉発達検査とはどんなものですか。

第2巻 子育ての保健学（高橋悦二郎　編）

【第1部　理論編】

1章　出生から幼児期までの健康問題
　　I　子どもの特徴——発育　II　身体発育,運動発達,体力増進　III　胎児期,周生期の健康　IV　新生児期,乳児期の健康　V　幼児期の健康　VI　母子保健サービスの活用
2章　脳の発達と行動発達
　　I　脳と神経の構造と機能　II　脳と行動の発達　III　精神神経系の病気
3章　事故と応急手当
　　I　事故の種類と頻度　II　事故の予防はどうするか　III　事故への対応と応急手当の基本
4章　免疫とアレルギー
　　I　免疫とは　免疫の仕組み　II　アレルギーとは　III　よく見られるアレルギーの疾患とその特徴　IV　暮らしの中のアレルギー対処法
5章　子どもによくみられる病気
　　I　感染症　II　皮膚科疾患　III　その他の病気

【第2部　Q&A】

Q1 〈母乳〉母乳のよい点を教えてください。また母乳分泌をよく…
Q2 〈かぜと入浴〉熱もなく鼻や咳が少し出る程度でもかぜをひいた時…
Q3 〈自然治癒〉3か月の子の出べそが気になります。自然治癒という…
Q4 〈夜泣き〉8か月の長女の夜泣きが激しく落ち着くまでに20～30分…
Q5 〈哺乳ビン消毒・夜中のおむつ替え〉哺乳ビンや乳首の消毒はいつまで…
Q6 〈断乳〉2歳2か月でまだ母乳を飲んでいます。2歳過ぎたらやめ…
Q7 〈食欲不振,小食・偏食〉1歳3か月で好き嫌い多く,スプーンも嫌…

Q8 〈排尿便のしつけ〉2歳1か月で,まだおむつがとれません
Q9 〈間食〉11か月の男の子。…おやつを与える時に気をつけることは…
Q10 〈口臭と微熱〉9か月の女の子に口臭があるようで,体温が37.5℃…
Q11 〈アタッチメント〉母子相互作用とは何のことですか
Q12 〈乳幼児突然死症候群〉SIDS…うつ伏せ寝についてアドバイス…
Q13 〈応急処置①誤飲〉子どもがものを口に入れ,飲み込んでしま…
Q14 〈応急処置②心肺蘇生法〉子どもの心肺蘇生法はどのように…
Q15 〈応急処置③気道異物の処置〉喉にものがつまって苦しんでいる…
Q16 〈安全教育〉事故を防ぐための子どもの安全教育の方法について
Q17 〈アトピー性皮膚炎〉アトピー性皮膚炎の対策は…
Q18 〈食物アレルギー〉…どんなことに注意したらよいでしょうか
Q19 〈手足が冷たい〉赤ちゃんの手足が冷たいのは心配ないでしょうか
Q20 〈包茎〉男の子は入浴の時オチンチンをむいて洗った方がよい…
Q21 〈心身症〉3歳の息子が,最近目をパチパチします。…

● 執筆者紹介 （執筆順）

荘厳舜哉（そうごん　しゅんや）[編者紹介参照]
　　　　　本書の構成，第1章，第2章，第3章，Q&A17

大日向雅美（おおひなた　まさみ）[編者紹介参照]
　　　　　第4章，第5章，Q&A1，Q&A7，資料

米野宗禎（よねの　むねたか）学校法人北山学園・ろりぽっぷ邑理事
　　　　　　　　　　　　　　長代理，（株）栄光・代表室
　　　　　第6章—Ⅰ，Ⅱ

矢藤優子（やとう　ゆうこ）JST社会技術研究システムミッション・
　　　　　　　　　　　　　プログラムⅢ発達心理グループ研究員
　　　　　第6章—Ⅲ，Q&A22

新澤拓治（しんざわ　たくじ）江東区大島子ども家庭支援センター
　　　　　　　　　　　　　　「みずべ」子育て支援ワーカー
　　　　　Q&A2

龍野陽子（たつの　ようこ）子ども虐待防止センター専任相談員
　　　　　Q&A3

中野洋恵（なかの　ひろえ）国立女性教育会館研究国際室長
　　　　　Q&A4，Q&A5

金山美和子（かなやま　みわこ）上田女子短期大学専任講師
　　　　　Q&A6

馬居政幸（うまい　まさゆき）静岡大学教授
　　　　　Q&A8

伊藤敏一（いとう　としかず）浦安市役所前保健福祉部長
　　　　　Q&A9

谷本弘子（たにもと　ひろこ）谷本こどもクリニック副院長
　　　Q&A10

上原明子（うえはら　あきこ）大阪成蹊短期大学教授
　　　Q&A11，Q&A18

荘厳(赤尾)依子（そうごん　よりこ）関西学院大学研究員・帝塚山学
　　　　　　　院大学非常勤講師
　　　Q&A12

百々尚美（どど　なおみ）大阪人間科学大学講師
　　　Q&A13

矢ヶ崎聖子（やがさき　きよこ）茨木市立保育所保育士（地域子育て
　　　　　　　支援センター担当）
　　　Q&A14（共著）

原田紀子（はらだ　のりこ）大津市立保育所保育士
　　　Q&A14（共著）

箱井英寿（はこい　ひでかず）大阪人間科学大学助教授
　　　Q&A15

藤村邦博（ふじむら　くにひろ）大阪人間科学大学教授
　　　Q&A16

竹内和子（たけうち　かずこ）大阪成蹊短期大学教授
　　　Q&19

谷淳司（たに　じゅんじ）泉大津市・夢らんど二田理事長
　　　Q&A20，Q&A21

＊肩書きは2005年4月現在

●編者紹介

大日向雅美

1950年生まれ。お茶の水女子大学卒業,東京都立大学大学院博士課程修了。学術博士。現在,恵泉女学園大学教授,子育てひろば「あい・ぽーと」施設長。著書:『母性の研究』(川島書店),『子育てと出会うとき』(NHK出版),『母性愛神話の罠』(日本評論社),『子育てママのSOS』(法研),『子育てがつらくなったとき読む本』(PHP),『メディアにひそむ母性愛神話』(草土文化)『「子育て支援が親をダメにする」なんて言わせない』(岩波書店),他。

荘厳舜哉

1947年生まれ。同志社大学文学部卒業,同大学院博士課程修了。博士(心理学)。現在,大阪学院大学経済学部教授。著書:『ヒトの行動とコミュニケーション』(福村出版),『人間行動学』(福村出版),『文化と感情の心理生態学』(金子書房),『心の発見・心の探検』(共著 ミネルヴァ書房),他。訳書:C.E.イザード『感情心理学』(監訳 ナカニシヤ出版),他。

〈実践・子育て学講座〉
③子育ての環境学

Ⓒ OHINATA Masami & SOGON Shunya, 2005　　NDC376　258P　19cm

初版第1刷————2005年4月20日

編者	大日向雅美・荘厳舜哉
発行者	鈴木一行
発行所	株式会社 大修館書店

〒101-8466 東京都千代田区神田錦町3-24
電話03-3295-6231(販売部) 03-3294-2357(編集部)
振替00190-7-40504
[出版情報] http://www.taishukan.co.jp

装丁者	井之上聖子/装画　村井宗二
印刷所	壮光舎印刷
製本所	難波製本

ISBN 4-469-21298-9　　　Printed in Japan

Ⓡ本書の全部または一部を無断で複写複製(コピー)することは、著作権法上での例外を除き禁じられています。

大修館の好評既刊本

からだの文化人類学
―変貌する日本人の身体観―

波平恵美子 著

増える摂食障害、からだへの暴力、医療化していく生と死。いま変りつつある身体と、変らない遺体へのこだわり…。揺れ動く日本人の身体観の本質を読む。

■四六版・218頁　本体1,600円

個性はどう育つか

菅原ますみ 著

個性はいつ芽生えるか。親は子どもの個性を変えられるのか。乳幼児期から兆候を示す、社会と適応できない個性は？　発達心理学が捉えた個性のすべて。

■四六版・232頁　本体1,700円

ことばはどこで育つか

藤永 保 著

隔離され、養育放棄されて育った子はどんな言葉発達をとげたか。サヴァンの子の能力とは？　様々な事例から言語の発達には複数の経路があることを示す。

■四六版・332頁　本体2,400円

子どもたちの言語獲得

小林春美・佐々木正人 編

子どもは生後3年で基本的な言語能力を全て身につける。言語習得研究のこれまでと認知科学・発達研究の新動向を取り入れたオリジナルな入門書。

■四六版・290頁　本体2,300円

コンピュータが子どもの心を変える

ジェーン・ハーリー 著／西村辨作・山田詩津夫 訳

コンピュータは、学校を、子どもたちをどう変えたか。安易な導入と、実体験を欠いた子ども時代が生む思考力の低下と閉ざされた心。先達アメリカからの警告。

■四六版・390頁　本体2,200円